お金とモノに支配されない暮らしかた

CONTENTS

Part 1

お金に支配されない家計管理

Part 2

お金に支配されない節約

Part 3

モノに支配されない減らし方のコツ

Part 4

モノに支配されないていねいな暮らし

Part

5

お金とモノに支配されない心の持ち方

※本書の情報は2018年10月現在のものです。

はじめに

こんにちは。ミニマリスト系家計コンサルタントのリムベアーです。

現在、奥さんと息子の３人家族。42㎡の１ＬＤＫ賃貸アパートで暮らしています。得意分野は家計管理と節約、モノを減らすこと。ブログやインスタグラムで、お金とモノ減らしの情報を発信しています。ファイナンシャルプランナーの資格を持ち、ブログで家計診断を行っています。また、革小物を作る作家としても活動しています。

元々はコレクターで、モノだらけで壁も床も見えないような部屋に住み、給料はあるだけ使っていました。専門学校を卒業して家具職人になって就職し、24歳のときに独立をしました。

そんな中、東日本大震災が起こりました。僕は福島に住んでいたのですが、周囲の8割ぐらいの家が津波で流されました。実家は奇跡的に残ったのですが、祖父母の家は土台しか残っていませんでした。

その風景を見て、モノへの考え方が変わりました。自分が大切にしていたモノが、一瞬にしてなくなってしまうことに、とてもショックを受けたのです。そして、「本当に大切なモノとだけ生きていこう」と思ったら、モノへの執着がなくなっていきました。

ほぼ同時に、お金にもきちんと向き合おうと思いました。お金の使い方をどうにかしないといけないというモヤモヤは、心の中にずっとありました。でも、面倒くさいから向き合わずに、ずるずると毎日を過ごしていたのです。モノへの執着がなくなれば、自然にお金を使わなくなります。ちょうどその頃、仕事の幅を広げるための設備投資に250万円ほど借金、さらに結婚。お金に真剣に向き合う状況になりました。

「このままじゃダメだ。人生を変えよう」と思い、図書館でお金と生き方に関する本を読みふけりました。その数は1年で50冊ほど。元々読書が苦手だったので、家族には驚かれました。本を読み進めていくとどんどん意識が変わり、家計簿をつけて、予算表を作り、袋分けを実行。反省と改善を繰り返して、貯蓄ができるようになりました。借金250万円を返済し、貯蓄も年150万円に（2016年・年収390万円）。

そして生き方や片づけの本を通して、ミニマリストの考えに共感し、モノを減らすことも同時に始めました。現在、家族3人で42㎡の小さな部屋に暮らしていますが、モノを厳選しているので快適です。

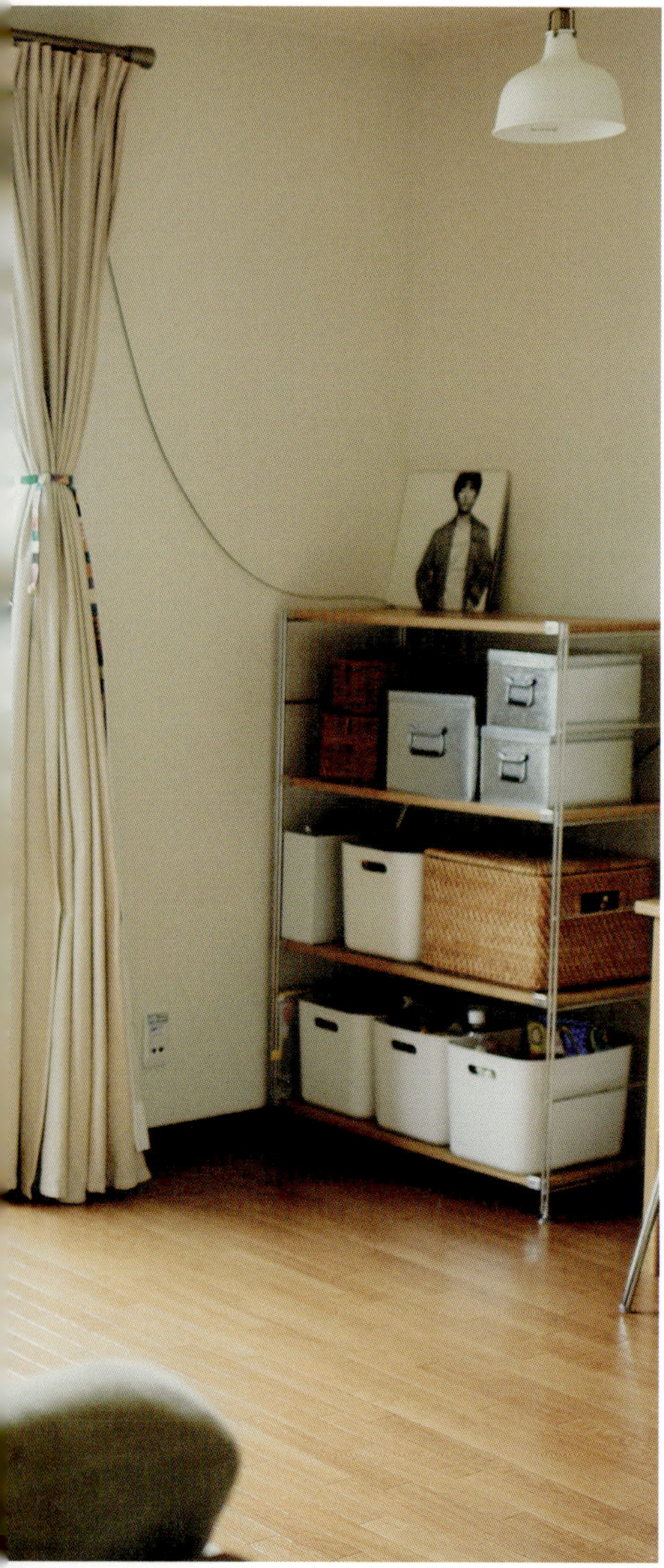

狭いけど、心地よいリビング。42㎡なので、あとは寝室だけです。家族3人で快適に暮らせるように、モノは減らし、増やさないようにしています。掃除や片づけが楽になったので、積極的に家事をするようになり、人生が変わりました。

モノがあふれた家に住んでいたとき、さらに、モノをどんどん買っていました。お金がなくなった不安や無駄遣いをしたという罪悪感を忘れるために、また、モノを買っしまう悪循環。今から考えると、モノが欲しいというよりは、お金を使うことでストレスを解消していたのだと思います。

そのころの僕の人生はお金とモノに支配されていて、自分の意志はありませんでした。主役は僕のはずなのに、お金とモノに振り回されていたのです。東日本大震災という大きな出来事をきっかけに一念発起し、たくさんのトライ&エラーを繰り返して、人生を自分の手に取り戻しました。

僕の好きな言葉に「LESS IS MORE」というのがあります。本田直之さんの著書『LESS IS MORE』(ダイヤモンド社)の中で知り、感銘を受けました。ドイツの建築家ミース・ファン・デル・ローエの言葉で、「より少ないことはより豊かなことだ」という意味だそうです。ブログやインスタグラム、本のペンネームは、リムベアー(limbear)にしていますが、「lim」は「LESS IS MORE」の頭の3文字です。

目指すのは、厳選された少ないモノたちと質素で最小限の生活をすること。流行を追って新しいモノを買うのではなく、お気に入りを手入れしながら、長く大切に使いたいと思っています。

自分にとって、何が大切なのかがわかってきました。不要だなと思うモノはできるだけ削ぎ落としていく。今は、子どもと過ごす時間が、何よりも大切です。

僕は、目指す暮らしがはっきりしてからは、無駄な買い物がなくなりました。家計管理や節約が楽しくなり、貯蓄が順調にふえています。家計管理や節約のやり方と同時に、ミニマリストの考え方を身につけたら、モノが減り、お金とのつき合い方もうまくなりました。心のモヤモヤも減っていったのです。

「お金を貯めたい。モノを減らしてスッキリ暮らしたい。でも、どうせ無理」と思っている方がいたら、僕は「大丈夫、100%変われます」と言いたいです。もちろんすぐには無理です。僕も「変わったな。もう元の自分には戻らない」と自信を持てるようになるまで、5年ほどかかりました。この本では、そんな試行錯誤の末に、身につけた方法や考え方を紹介します。皆さんが、自分らしい人生を送るヒントを、見つけていただけたらうれしいです。

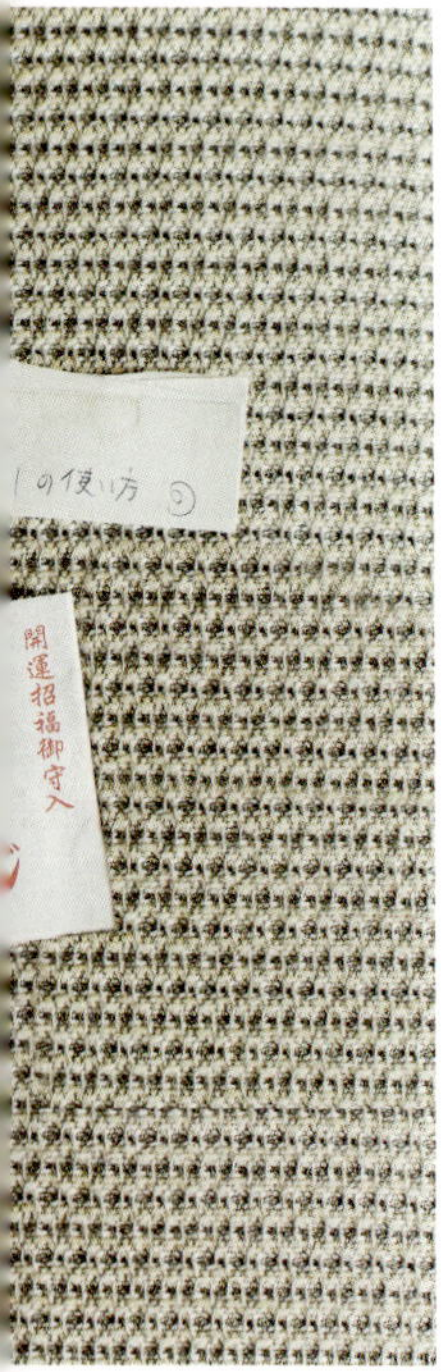

革作家の僕が作った小さい財布に、現金は1000円札1枚しか入れません。急に何かを買いたくなることはないので、これで十分。小さい財布は、最小限の暮らしを目指す僕に合っています。

僕のデスクは寝室にあります。2部屋しかないので、空間を効率的に使っています。デスクは家具職人時代に作ったオリジナルで、ブルーのシェルチェアもお気に入り。シンプルで作業がしやすいスペースです。

42㎡のお金をかけない小さな暮らし大公開

インスタグラムにアップしている写真は僕の家です。
インスタグラムでは紹介しきれていない
モノが少ない、小さな家での暮らしを大公開します。

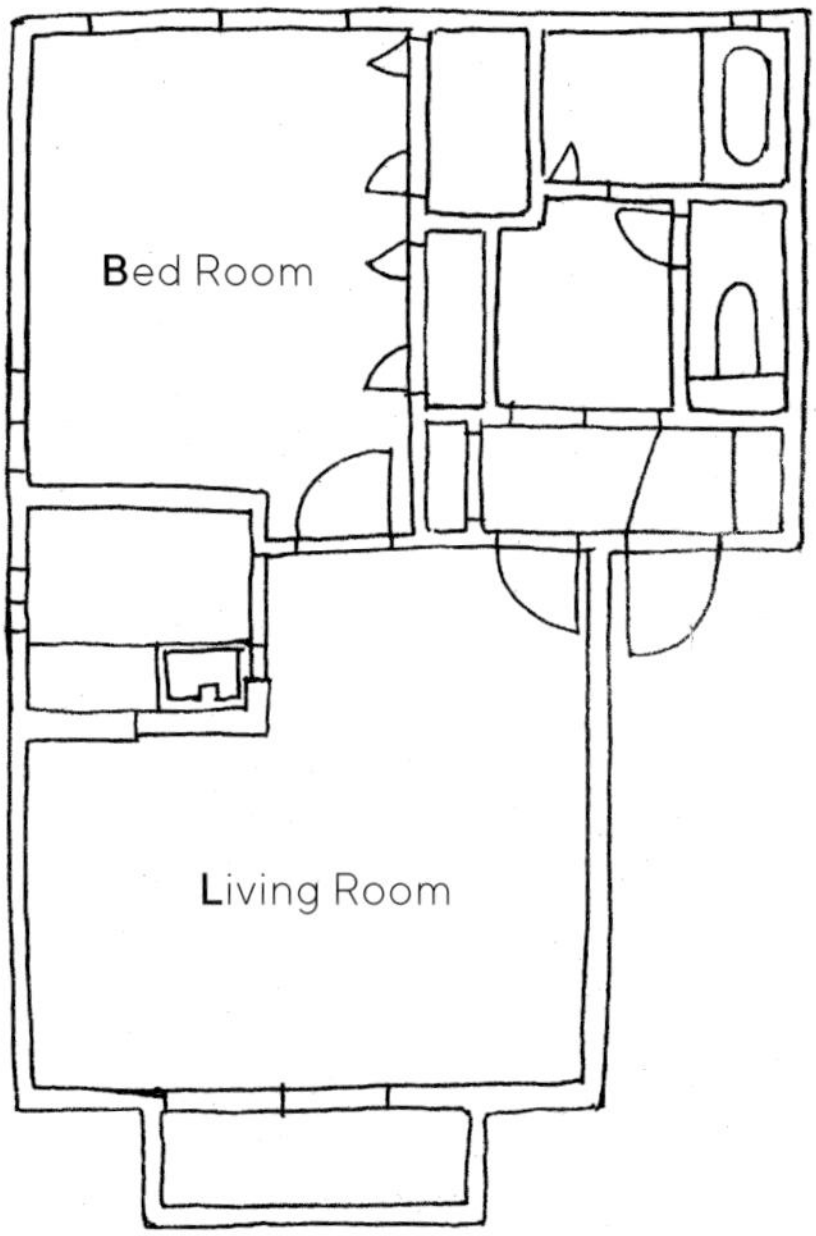

←我が家の生活スペースはこの2部屋だけ

1LDKなので、リビングと寝室しかありません。
このスペースで、ごはんを食べ、仕事をし、寝ています。
不要品は処分し、増やさないようにして、
狭くても心地よく暮らせる工夫をしています。

Bed Room

ベッドルーム

寝室は、ベッドと僕のデスクを置いています。
昼間は仕事部屋に、休憩時間は子どもの
遊び場所にと、いろいろな用途で使っています。

無印良品の脚付マットレスのセミダブルとスモールを並べています。息子がベッドから落ちる危険があるので、今は脚なし。マットレスを床に直置きすると湿気がたまるので、下にすのこ敷いています。

Living Room

リビングルーム

ソファ、テレビ、テーブルでコーナーを作ります。
テーブルとテレビ台は僕の手作り。
低い家具なら、圧迫感がなく狭く見えません。

小さめのテーブルを一つ置いて、ごはんを食べる、テレビ見てくつろぐなど全てここで行います。

いつも見直して モノを減らし続ける

我が家は、モノをかなり減らしていますが、常に色々な場所を、もっとスッキリと使いやすくできないかをチェック。暮らしは変化するし、気持ちも変わります。僕もまだまだ進化中です。

Before

僕の仕事用デスクは、以前はチェストを組み合わせていました。チェストの中のモノを整理したので、なくしました（左ページNowの写真参照）。チェストは収納の中に移動し、他のものをしまっています。

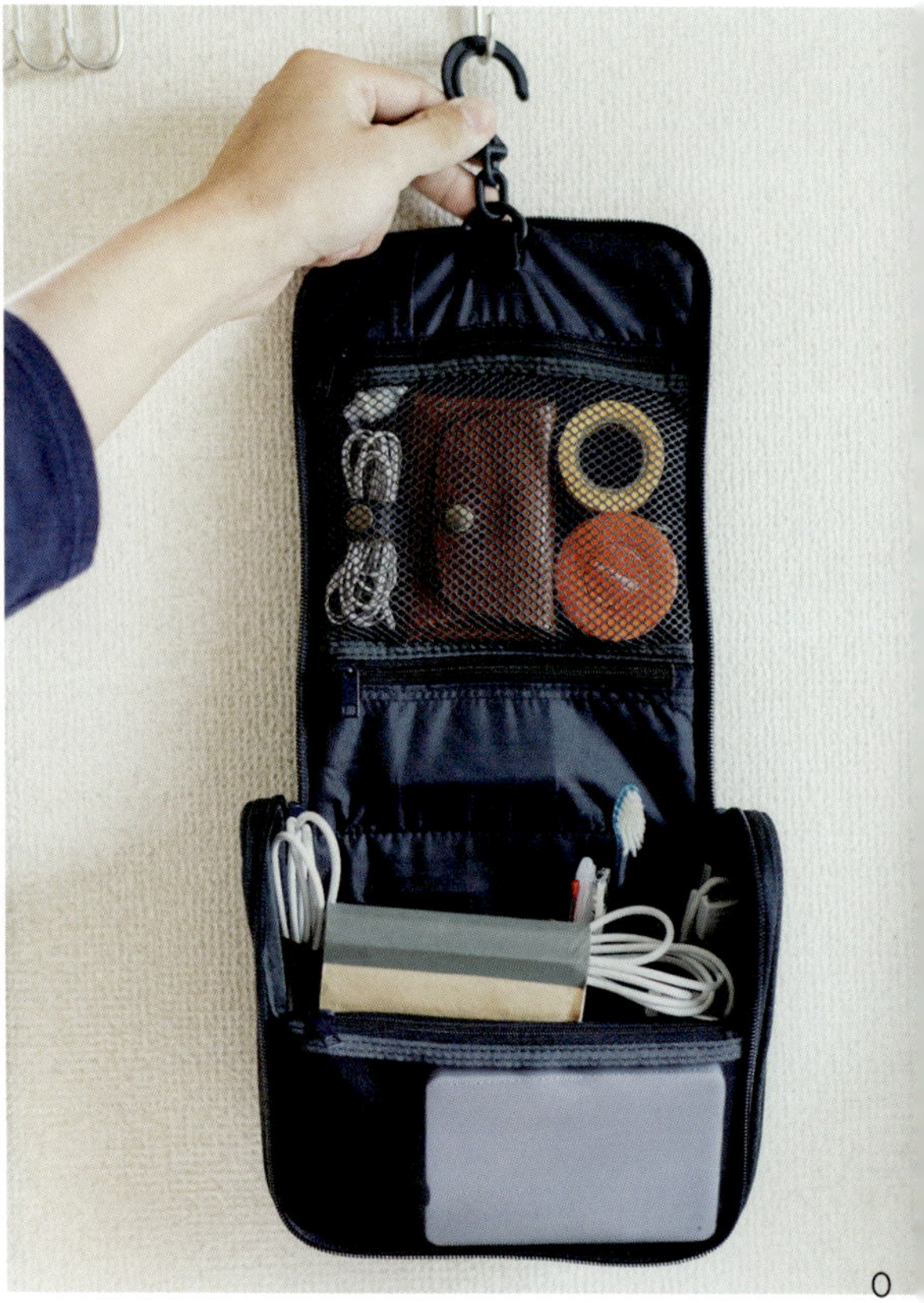

チェストの中のモノはコンパクトにつるして収納

チェストに入っていた文房具、メモ帳、外付けハードディスクなどは、無印良品の「吊して使える洗面用具ケース」におさめました。都度取りに行くのも、座りっぱなし解消に良かったなと思います。

Now

デスク周りは、パソコンとライトだけ。カメラは作業時以外はしまいます。ダストボックスも、ゴミはそれほど出ないのでなくしました。チェストの中のモノは、つるす収納に。

子どもがいても
モノは増やさない

家族が増えると、モノが増えます。でも、部屋の広さは変わらないので、大人のモノを減らしました。暮らしの変化はモノを見直すチャンスととらえ、不用品を処分します。

ゲームを処分して場所&時間を確保

テレビ台下には、子どもの絵本やオムツをカゴに入れて収納。ここには、僕のテレビゲームなどが入っていましたが、処分。場所の確保だけでなく、息子との時間を大切にするため、ゲームは卒業しました。

無印良品のユニットシェルフの一番下は、「やわらかポリエチレンケース」に子どものおもちゃを収納。低い位置なので、いずれは自分で片づけられるようになることが理想です。

床にモノを置かずに広々と遊びやすく

床面積が狭いのでモノはなるべく置かず、広々とするように。子どもがおもちゃを広げて遊びやすいし、動き回っても危なくないかなとも思っています。

モノが散らからない工夫をする

生活しているので、どうしても
細々したモノはあります。
何か作業をしていると
散らかることも。
散らかる時間が短くする
工夫を紹介します。

リビングの「とりあえず置き場」が便利

IKEAのワゴンは散らかりがちなモノを、とりあえず置く場所に。すぐに使いたい子どものケア用品や、まだ片づけ場所が決まっていないモノを置いています。

浴室はつるす収納で見た目もスッキリ

なんでもつるす収納は、掃除が楽だし、見た目もスッキリ。シャンプーやボディソープは、詰め替え容器がそのままつるせるグッズを活用します。

夫婦
それぞれに
専用スペースを
作る

リビングの無印良品の無垢材デスクは、奥さんの作業用デスク。家計簿をつけたり、ソーイングなどをする場所で、道具はデスク周りに収納。僕のデスクは寝室に。それぞれが管理するので、散らからない。

こだわりはなくさず
最小限にする

何もなくてがらんとした部屋は僕には合わないので、
お気に入りのモノを最小限置いています。スッキリした
部屋にそれが並んでいる様子は、美しいなと思います。

どうしても捨てられないモノはとことん愛する

元コレクターの僕は、フィギュアをほぼ全て処分。でも、この2体だけは残しました。毎日眺められる、デスクの近くに飾っています。ときどきホコリを取って、メンテナンス。

毎日使うモノは一番のお気に入りに

仕事用デスクに合わせている椅子は、モダニカ製のシェルチェア。デザイン、質感、色など全てが気に入っています。毎日使うからこそ、妥協はしません。

モノは増やさないようにしているので、床もスッキリ。リビングから寝室まで、子どもがハイハイで元気に動き回れます。

モノが
把握しやすい
ように
余裕を作る

びっしり入れると取り出しにくいし、しまいにくいので、余裕を作るように収納。スペースからモノがはみ出さないように、一つ捨ててから、一つ買うようにしています。

収納の中は詰め込みすぎない

寝室に造りつけの収納が二つ。
中を仕切って、何が入っているのかひと目で
わかるように効率よくしまっています。

家族3人分の洋服は ここに入るだけで 増やさない

僕のアウターは、右の収納に入れていますが、他のものは全部ここに。上段はボックス、下段はクリアケースを活用。それぞれの場所を決め、増えてはみ出さないようにしています。

引き出し式のクリアケースの中は、立てて収納。僕のインナーTシャツとパンツは、同じ色、形で7枚ずつ揃えています。

Outer

用途に合わせて3種類を着回す

本当に気に入ったモノを少しだけ持つ

大好きでたくさん持っていた
洋服をここまで減らせたのは、
自分でも驚いています。
少ないからこそ全てが
好きなモノで、
着ていても毎日楽しいです。

日本のシュラフメーカーのナンガのダウン。軽くて暖かいので、寒い季節のアウターに重宝。安くはなかったけれど、コスパはいいと思います。

冬に光熱費を抑えるために、家の中で着るパタゴニアのライトダウン。それほど寒くない秋冬の外出時に着ることもあります。

ノースフェイスのレインジャケットは雨の日だけでなく、原付バイクで移動するときにも着ています。風やホコリから守ってくれます。

Tops

Tシャツとフリースで1年を乗り切る

夏用には、グッドウェアの半袖Tシャツのネイビー2枚。MADE IN USAで厚地。Tシャツとしては値段は高めですが、経年変化が楽しめて長く着られます。

冬のTシャツの上にはおるのが、パタゴニアのフリース。薄地なのに暖かい。もう7年も愛用しているけれど、飽きることはありません。

秋冬春用には、セントジェームスの無地の長袖Tシャツ。ネイビーとブラックの2枚を、交互に4年ほど着ていますが、へたらないくらい丈夫。

Bottoms

着心地が良くて丈夫な1種類に絞る

以前は色々なパンツをはいていましたが、今はグラミチのクライミングパンツのブラウンとカーキだけ。とにかくはき心地がいい。1年中、これだけです。

ダナーの革靴は
月1回必ず磨く

革靴は2足の1軍だけ。真夏以外はほぼ 1年中はいています。月1回のメンテナンスは、僕にとって気持ちが落ち着く大切な時間。もし傷んだら同じモノを買う予定です。

日常使うモノは全て1軍にする

昔は、お気入りの1軍のモノが
汚れると嫌だからと
ふだんは2軍を使っていました。
でも、そんなの楽しくないと
思い、1軍だけを残し、
あとは処分したのです。
モノが減って、収納も楽に。

靴を磨くとき、音楽を聴きながらすることも。僕は、音があるほうが集中できるタイプ。自分なりに楽しくなる方法を見つけます。

高価なモノでもメンテナンスをして
長く使えば、節約になる

僕は節約家です。でも、安いモノは買いません。本当に気に入った1軍のモノを買い、メンテナンスしながら長く使います。1回当たりの使用金額を計算したら、すごく安いはず。メガネ、リュック、時計も長く使っています。

日々のお金の管理は
袋分けと家計簿

費目ごとに現金を、クリアケースで袋分けしています。日々の管理は奥さんが担当なので、リビングの奥さんのデスクの引き出しに、家計簿とともに収納(袋分けは P.60参照)。

心地よい暮らしを支える家計管理術

毎日の家計簿を
つけるのは奥さん、
月間、年間で集計するのは
僕がやっています。
家計が苦しいときこそ
二人で協力すれば、我が家の
ように乗り越えられます。

月1＆年1回は集計。年末に予算会議をする

毎日の家計簿の数字に、僕が月末にパソコンで表にまとめています。それを元に、12月31日に翌年の予算会議を 2人で開きます。（月末、年末のやり方は P.64参照）。

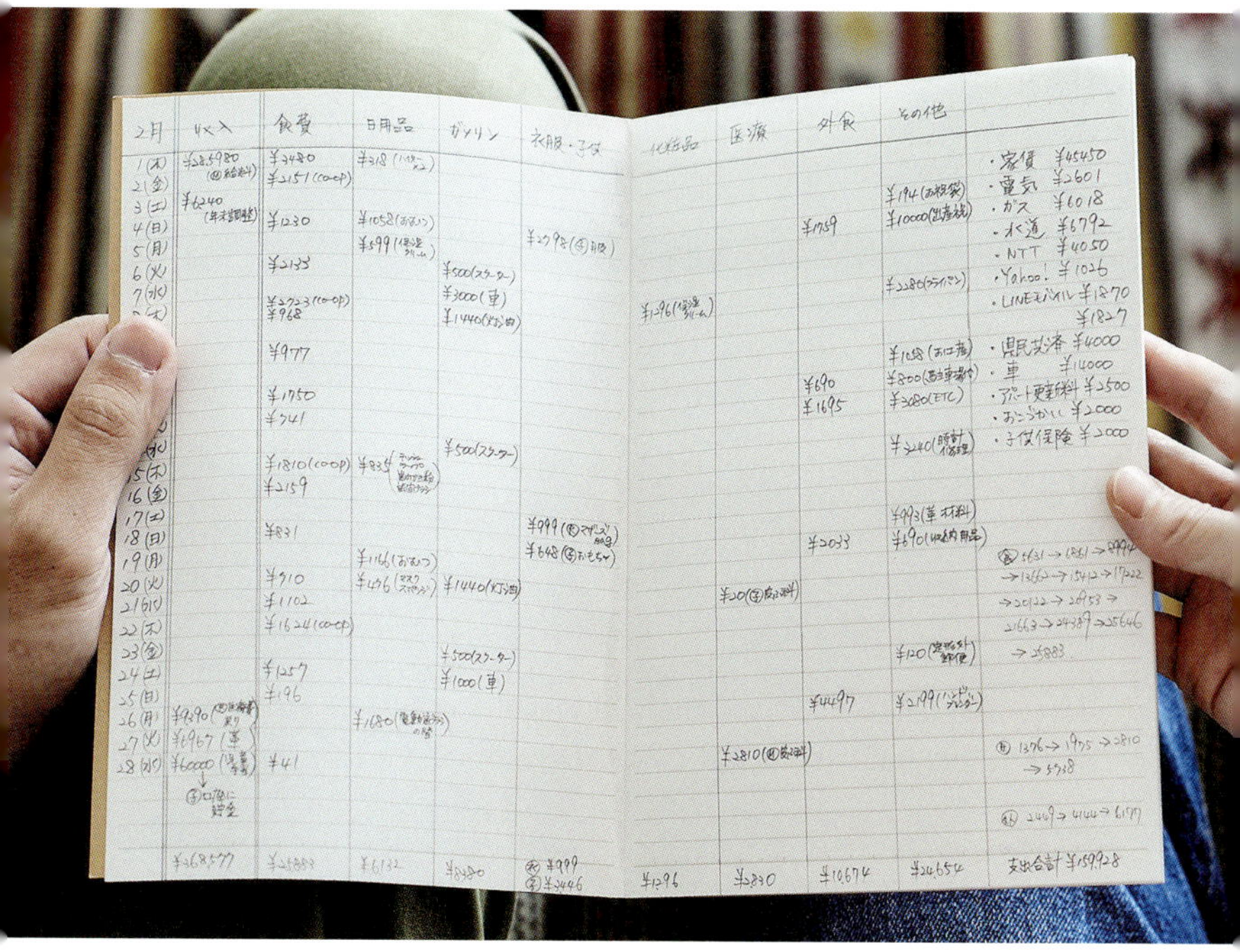

月末に家計簿を見ながら反省会をする

我が家の家計簿はノートに手書き。見開きで1カ月分終わるくらいの簡単さだから、長続きします。つけるだけでなく、月末に反省と改善を二人で話し合っています。僕が考案した家計簿（P.45）をもとに、奥さんがつけやすいようにアレンジ。費目も予算表とは少し違っています。つける人がアレンジしやすいのがリムベアー式家計簿の良いところです。

※この家計簿は実例をもとに、掲載用に書いたものです。

節約はメリハリをつけるとうまくいく

お金をかける部分、締める部分のメリハリをつけると、
ストレスなく節約できます。例えば、食事は週末に外食して日々は自炊。
朝昼晩の食事の内容にもメリハリを(食費節約はP.78参照)。

Breakfast

朝食はパン、果物、飲み物にしてパパッと準備

この日のパンはオープンサンド。前日の夕食のおかずのきんぴらごぼうをのせ、マヨネーズをかけオーブントースターで焼きました。夕食のおかずを少し残し、朝食に活用して節約。

Lunch

1日のうち、朝食&昼食は軽めに。お金と時間の節約

昼食も朝食と同様に軽めに。この日はおにぎりとハンバーグ。ハンバーグはレトルトで手軽に。レタスとトマトを添えると、ランチプレート風になります。

Dinner

夕食はしっかり自炊。休日は外食で気晴らしを

夕食はしっかり食べます。この日は、豚の生姜焼き、マカロニサラダ、みそ汁。ワンプレートにして、後片づけを楽に。平日は自炊なので、休日は外食して息抜きを。

Part 1

お金に支配されない家計管理

Method

01

42㎡ー LDKの小さな家に住んで家賃を節約する

子どもが生まれても広い家には引っ越さない

借金250万円で貯蓄ゼロ。無駄遣いも多く、いつもお金がないとモヤモヤしていました。そんな僕が「このままではダメだ、人生を変えよう」と思い、色々な方法を試しては失敗を繰り返して家計管理をしてきました。結婚して子どもも生まれ、どうにか自分に合った家計管理ができるようになりました。

借金体質だった僕が、独学でファイナンシャルプランナーの資格を取得。ブログやインスタグラムでお金の情報を発信し、読者の方の家計診断を行うまでになりました。

まずは、僕の家のことからお話しします。家族3人で1LDK42㎡の小さな家に住んでいて、家賃約4万5000円です。場所は北関東で、最寄り駅からは車で10分ほど。この辺りは車での移動が基本なので、駐車場代は家賃に含まれています。家族で暮らすにはコンパクトサイズですが、モノが少ないので、スッキリと心地よい空間になっています。

暮らしの中で一番大きな支出は家賃です。毎月決まった日に、決まった金額が出ていく固定費だから、できるだけ低く抑えるとやりくりが楽になります。僕は、収入の20〜25％になるようにしています。

家は広いほうが心地よいと、一般的には言われてきました。狭いからモノが片づかない、収納場所が少なくて不便など、スペースが小さいことが暮らしにくさの理由になっていました。でも、僕は東日本大震災で被災し、本当に必要なモノだけと暮らそうと思ってから、今まで刷り込まれてきた考え方に疑問を持つようになりました。

モノを減らしたら、広い家は必要なくなりました。狭くて収納場所も少ない家で、十分になったのです。家賃も低く抑えられています。

昨年、子どもが生まれました。モノが増え、広い家に引っ越す人も多いと思いますが、僕は引っ越しません。**モノが増えきたなと気がついたら、それは引っ越しではなく、モノを減らす合図。我が家は、子どものモノが増えた分、大人のモノを減らしました。**

子どもの成長に従ってスペースが必要になってきたら、もう少し広い家に引っ越すかもしれませんが、ギリギリまでは今の小さな家で暮らしていこうと思っています。

子どもが生まれたとき、周囲の人から「マイホームはいつ頃建てるの？」と聞かれたり、「マイホームは父ができる最高の家族孝行だ」なんて言われたりしました。でも、僕は、家族で暮らす大きなマイホームを建てる気はありません。理由の一つは、長期間大きな借金を背負う重荷に、耐えられそうにないから。また、いずれは子どもが独立して家族構成が変わります。家族の状況に応じて、フレキシブルに住み替えられる賃貸の方が、僕にはメリットが大きく感じられます。

でも、年齢を重ねると家が借りにくくなる、年金では家賃を払うのが苦しくなるという話も聞きます。だから、僕の今の夢は、子どもが独立して夫婦二人に戻ったら、1000万円くらいの小さなマイホームを建てること。無印良品の小屋など、小さい家のムーブメントに注目しています。住宅ローンは組みたくないので、お金を貯めないといけないのですが、このくらいの金額なら実現できそうな気がします。

”これからもずっと小さい家にこだわり続ける“

Method

02

現金は1000円しか持ち歩かない

余計な現金を入れられない小さい財布がおすすめ

浪費体質だった頃の僕は、お金はあればあるだけ使っていました。だから、少し荒療治ですが、**無駄遣いをしないために現金を持ち歩かないことにしたのです。今、財布には1000円札1枚しか入れていません。**

インスタグラムのフォロワーさんから、「急に何か買いたくなったら、どうするんですか?」と質問をされますが、「今は急な買い物はしません」と答えています。最初は少し不安でしたが、やがて慣れました。現金を持っていないと、衝動買いをしたい気持ちがなくなりました。この1000円は何かあったときの予備のお金。使うことはほとんどありません。

財布を小さくすることも、無駄遣い防止に効果的。余計な現金はもちろん、ポイントカードも入らないからです。僕は浪費体質時代、容量の大きい長財布にポイントカードをたくさん入れていました。すると、**ポイント集めが目的になり、浪費が増えてしまったのです。得するつもりが、余計なお金を使って損をした経験から、今はポイントカー**

ドを1枚も持っていません。また、小さい財布だとレシートを入れっぱなしにするスペースもないので、もらったらすぐに家計簿用ひき出しに移動するようになりました。
収納場所が広いとモノが増えるのと同じで、僕は財布の容量が大きいと、つい余計なモノをため込んでしまうようです。そんな経験から、小さい財布をおすすめします（僕が実際に使っている財布はP．13）。

小さい財布の中には、クレジットカードを1枚入れています。僕は、ポイントを貯めるために、買い物はほぼクレジットカード。インスタグラムのフォロワーさんからの「クレジットカードが使えないお店のときはどうしますか？」という質問には、「クレジットカードが使えない店では買い物しません」と答えます。今は、コンビニやファストフード店でも使えるので、少額でもカード払い。衝動買いはしないので、買い物はリサーチして、その店がクレジットカードを使えるかどうかもチェックします。

クレジットカードのポイントは、働かなくてももらえる不労所得。毎年2～3万円分は貯まり、カードの利用額から差し引いています。このポイントの使い方が一番無駄が

ないし、余計なモノが増えません。

できればよく使うクレジットカードは1枚に絞ると、支出を把握するのも楽なのでおすすめ。利用履歴を見れば、その月にカードでいくら使ったのかすぐにわかります、ポイントも集中して貯めやすいのです。

今後は、クレジットカードだけでなく、Apple PayやLINE Payなど、スマホ決済ができるようになり、キャッシュレス化は進むはずです。ポイントがたまる、会計が楽になるなどメリットはたくさんありますが、お金の管理がうまくできない人には、使いすぎてしまうこともあります。以前の僕がそうだったので、よくわかります。次のページから、僕がやってきた家計の管理の方法を紹介します。クレジットカードのフル活用をする前に、まずはお金の管理をマスターしてほしいなと思います。

”現金のかわりにポイントが貯まるクレジットカードを活用する“

Method

03

支出の迷子をなくすことが貯蓄体質への近道

お金の迷子をなくせば、モヤモヤや不安は解消する

僕の浪費体質だった過去と、貯蓄体質になった現在のことをお話しします。

●浪費体質　借金250万円、貯蓄ゼロ（〜2012年）

コレクターだったので部屋にはモノがいっぱい。コレクションを買うためにいつもお金がない状態。家具職人として独立後、仕事の幅を広げるために設備投資に250万円の借金をしました。

●貯蓄体質　借金ゼロ、貯蓄1000万円（2018年）

2013年に家具職人として再び就職。2014年貯蓄100万円、2016年借金を返済（うち100万円は臨時収入があり補填）。2016年貯蓄500万円に、2018年貯蓄600万円になりました（奥さんの独身時代からの貯蓄400万円で合計1000万円に）。

そんな僕の試行錯誤の結果、自信を持って言えるのは、「何にいくら使っているかを

把握しないと貯蓄できない」ということです。

昔の僕は、いつも何にいくら使っているのかわからない状態。お金のことで頭がモヤモヤして、不安でした。そのストレスを解消しようとして、また、お金を使ってしまう悪循環にはまっていました。

そんな僕が提案するのは、家計簿をつけることです。「家計簿をつけるなんて面倒」だと思う方もいるかもしれませんが、何にいくら使っているのか把握するのに近道はありません。お金の迷子をなくさないと、お金に対する不安もなくならないし、貯蓄もできません。元浪費体質の僕が言うのだから、間違いないです（笑）。まずは3カ月。ちょっと我慢して、家計簿をつけてみてください。

今は、家計簿をつけることが楽しいですが、以前は正反対。面倒くさくて、大嫌いでした。もちろん、時間はかかりました。自信を持って楽しいと言えるまで、約5年。だから、最初はうまくいかなくて当たり前。失敗して、挫折して、だんだん自分に合った、楽な方法がわかるようになります。

僕が試行錯誤の末にたどりついたオリジナル家計簿を紹介します。家計簿というよりは、お小遣い帳に近く、小学生でもつけられるくらいシンプル。市販の家計簿は、僕には複雑で、使いこなせずに何度も挫折しました。

そんな失敗を繰り返していたら、家計簿に求める機能は、「何にいくら使ったのかを確認できること」だとわかりました。そこで、必要な機能だけがある家計簿を自分で作ることにしたのです。

次のページに、パソコンのエクセルで作った家計簿を紹介します。同じように、パソコンで作って入力してもいいし、ノートに書いてもいいと思います。我が家では、奥さんがつけやすいようにアレンジして、ノートに手書きしています（P.31に写真あり）。「無印良品の再生紙ノートA5」を使っていますが、横罫がちょうど31日分で、見開きが1カ月分になり、把握しやすくておすすめです。

あとは、ひたすら使った金額を記入していくだけ。買い物をしたら、必ずレシートをもらい、その日のうちに家計簿に記入し、レシートは処分。たまると嫌になるので、毎日習慣にすることが大切です。

”まずは3カ月家計簿をつけて。必ず変われます！“

化粧品費	子ども費	予備費	医療費	固定費	金額
5,000円	4,000円	10,000円	5,000円	家賃	45,000円 ④
				電気	3,000円
				ガス	5,000円
				水道	3,000円
				ネット	5,000円
				スマホ	3,700円
				保険	6,500円
				貯蓄	50,000円
				おこづかい	2,000円
				衣服費	5,000円
				車費	13,000円
				更新代	2,500円
				固定費合計	143,700円
4,200円	3,800円	8,000円	2,000円	支出合計	208,550円

“家計簿の作り方”

①縦軸には日付を書く

②縦軸の左から2列目には収入を書く

給料だけでなく、不用品を売って得た臨時収入なども書いておく。

③横軸1、2段目には
「手元でやりくりする費目」と予算を書く

費目の内容や数は自分で決めてよい。予算がわからなければ、最初は書かなくてもよい。

④右側には「毎月ほぼ変わらない固定費」と金額を書く

水道光熱費は、毎月変わる実際の金額を書く。衣服費、車費、アパート更新代など積み立て分も書いておく。

⑤買い物したら、費目別に購入金額を書く

現金、クレジットカード払いの区別なく、すべての買い物分をもらさずに書く。

⑥一番下に、費目ごとの合計金額を書く

右端に支出合計金額を書く。

リムベアー式家計簿

	②	③			
費目	収入	食費	外食費	日用品費	ガソリン代
予算	220,000円	25,000円	10,000円	7,000円	7,000円
① 日付 1		⑤ 1,300			
2					
3		1,500			
4					
5					
6					
7		800			
8					
9		200			
10					
11		250			
12					
13					
14		4,500			
15		1,800			
16					
17					
18		2,000			
19	3,000				
20					
21		2,000			
22					
23					
24					
25		3,500			
26					
27		1,500			
28					
29		3,000			
30					
31		2,000			
⑥ 合計	223,000円	24,350円	10,000円	6,500円	6,000円

※表内の費目や金額は全て例です。それぞれのに合った費目や数字を記入してください。

Method

04

家計簿のその先へ。自分の予算表を作る

予算表通りにお金を使えば赤字にならない

家計簿を3カ月つけてみたら、次のステップに進みましょう。家計簿をつけただけで満足したり、無駄遣いをしたなと落ち込んでいるだけでは、貯蓄はできません。僕もその先に進んで、貯蓄ができるようになりました。

最も大事だなと思っているのは、家計簿で毎月何にいくら使って生活しているのかを知って、自分の予算表を作ること。支出を元に、自分の予算表をカスタマイズしていきます。この予算表があれば、予算通りにお金を使うように意識するので、赤字になりにくいのです。これから紹介するやり方で、ぜひ自分だけの予算表を作ってください。

ただし、貯蓄はできても健康を害するような無理な予算や、毎日が楽しくない予算はよくありません。節約は頑張りすぎると、長続きしないからです。

最初は、誰かの予算、一般的な数字などを参考にしながら作っていいのですが、最後は自分に合った予算表を作りましょう。僕も試行錯誤して、最良の予算表ができるまで5年ほどかかりました。その方法を次のページから紹介します。

●リムベアー式予算表の作り方

①家計簿につけた費目ごとに、平均値を出してみる

費目ごとの金額は月によってばらつきが出るので、3カ月分を足して3で割って平均を出してみます（表A参照）。水道光熱費は季節によって違うので、年間で考えたほうがいいのですが、まずは3カ月でやってみます。

②平均値をもとに、自分の予算を作る

この平均値をもとに、P.51の費目別割合の目安表やP.52のリムベアーの予算表などを参考に、自分の予算表を作ります（表B参照）。このとき、貯蓄はできれば収入の10〜20％は確保したい。予算合計が、収入合計の金額と一致するようにします。

③実際に3カ月間生活してみる

表A（例）

	4月	5月	6月	平均
食費・外食費	40,000円	50,000円	30,000円	40,000円
日用品費	5,000円	4,000円	3,000円	4,000円
水道光熱費	16,000円	12,000円	14,000円	14,000円

表B（例）

	3カ月平均		自分の予算
食費・外食費	40,000円	→	45,000円
日用品費	4,000円	→	3,000円
水道光熱費	14,000円	→	13,000円

自分で決めた予算で暮らし、家計簿も引き続きつけるようにします。3カ月たったら、その予算で家計が無理なく回ったのかどうか確認をします。

④予算を見直し、またそれで3カ月生活してみる

やりくりが大変だった費目の金額を見直して増減し、さらに修正した予算で生活してみます。これを繰り返し、徐々に自分に合った予算の精度を上げていきます。

費目別割合の目安表
（夫婦と子ども1人の場合）

費目	割合の目安	手取り月収25万円の場合の金額
家賃	25%	62,500円
水道光熱費	7%	17,500円
食費・外食費	16%	40,000円
日用品費	2%	5,000円
通信費	4%	10,000円
おこづかい	8%	20,000円
車	8%	20,000円
趣味・娯楽費	3%	7,500円
教育費	6%	15,000円
衣服費	3%	7,500円
医療費	2%	5,000円
交際費	2%	5,000円
保険	4%	10,000円
貯蓄	10%	25,000円
支出合計	100%	250,000円

※あくまでも目安なので、自分の家の状況に合わせてカスタマイズしてください

リムベアーの1カ月予算表を公開します！

P.50～51の①～④を実行して作りました。
今は、毎月の支出はほぼこの予算通りです。

リムベアーの1カ月予算表

家賃	45,000円	
電気	3,000円	Point ❶
ガス	5,000円	Point ❶
水道	3,000円	Point ❶
インターネット	5,000円	
スマートフォン	3,700円	Point ❷
保険	6,500円	
食費	25,000円	Point ❸
外食費	10,000円	Point ❸
日用品費	8,000円	
ガソリン代	7,000円	
化粧品費	5,000円	
おこづかい(2人分)	2,000円	Point ❹
子ども費	4,000円	
予備費	10,000円	
医療費(積み立て)	5,000円	Point ❺
子ども保険(積み立て)	2,000円	Point ❺
衣服費(積み立て)	5,000円	Point ❻
車費(積み立て)	13,000円	Point ❼
アパート更新代(積み立て)	2,500円	Point ❼
特別費(積み立て)	30,000円	Point ❽
合計	199,700円	

※1カ月の収入は約25万円。
※今は貯蓄は残った分を全て貯蓄する残し貯め方式に。

Point❶ 水道光熱費

季節によってばらつきが出る費目です。僕は1年間家計簿をつけ、1年分の合計÷12にして、月々の予算にしています。

Point❷ スマートフォン代

夫婦で格安スマホに変えたら年間約15万円の節約になりました。

Point❸ 食費、外食費

週末1回は外食を楽しんでいますが、外食費は食費とは別の費目にしています。食費は、家で食べる食材の購入分。分けることで外食費の使いすぎを防止できます。

Point❹ おこづかい

びっくりされますが、今はこれで十分。本を買うときは、2カ月積み立てたり、友人とのランチなど必要な出費が発生するときは、予備費から出します。

Point❺ 医療費、子ども保険

医療費はかかった分だけ使い、あとは残しておき、自然に積み立てができるように。子ども保険は保険会社ではなくて、自分で積み立て。子どもにメガネ、スマホなど何か壊されたときの買い替え用のお金です。

Point❻ 衣服費

衣服費は、毎月5000円を積み立ています。年間6万円になり、夫婦で1人年3万円ずつ使うようにしています。

Point❼ 車費、アパート更新代

定期的にやってくる高額な出費は、積み立てます。2年に1回くる、車検とアパート更新のためのお金です。

Point❽ 特別費

冠婚葬祭、お祝い、家電の買い替えなど、予測できないことに備えるお金です。使わなかった月は、そのまま残してプールします。

Method 05

自分予算＝最小限コスト。知っておくとお金の不安が減少

生きていくための最小限必要なお金を知る

家計簿をつけて、自分の予算がわかったら、「このくらいのお金で生活できるんだ」と確認できて安心しました。そして、自分の予算とは、自分が生きていくための最小限コストだとわかりました。

突然、会社をクビになったり病気で働けなくなったら、収入がなくなります。そんなとき、自分の最小限コストを知っていたら、今の貯金で何年暮らせるかがわかります。例えば、コストが月約20万円だったら、20万円×12カ月＝年間２４０万円。貯蓄２４０万円あれば、働けなくても1年は大丈夫だと予想できます。

また、非常時のために、最小限コストをさらに減らした予算表（下）も作成。この予算でも生活できるとわかったので、お金の不安から解放されました。

”非常時の最低限コストも考えておこう“

リムベアーの非常時の1カ月予算表

		P.52の通常時の予算表から削った金額
家賃	45,000円	
電気	3,000円	
ガス	5,000円	
水道	3,000円	
インターネット	5,000円	
スマートフォン	3,700円	
保険	6,500円	
食費	23,000円	−2,000円
外食費	3,000円	−7,000円
日用品費	5,000円	−3,000円
ガソリン代	5,000円	−2,000円
化粧品費	3,000円	−2,000円
おこづかい（2人分）	0円	−2,000円
子ども費	4,000円	
予備費	4,000円	−6,000円
医療費（積み立て）	3,000円	−2,000円
子ども保険（積み立て）	0円	−2,000円
衣服費（積み立て）	0円	−5,000円
車費（積み立て）	13,000円	
アパート更新代（積み立て）	2,500円	
特別費（積み立て）	0円	−30,000円
合計	136,700円	

Method

06

お金に対する努力は貯蓄額という成果で表れる

まずは100万円貯蓄でモチベーションアップ

ここでは、貯蓄に関してお話ししようと思います。貯蓄ゼロだった僕は、まずは「100万円貯蓄」を目指しました。でも、いきなり貯蓄から始めるのは、失敗する可能性が高い。03でもお話ししていますが、まずは自分がいくら使っているか把握してから、貯蓄を考えます。「100万円を1年で貯めたいから、月8万円貯蓄する」などと、いきなり頑張りすぎると長続きしません。まずは、自分の支出を把握し、そのあとで無理のない貯蓄額を考えましょう。

次に考えるのは、目的と金額と期間。僕は本当に貯蓄がなかったので、いざというとき用に100万円を貯めようと思いました。まず、100万円貯蓄をするには、月にいくら必要なのか計算してみます。（表A参照）

表A

貯蓄の目標	1カ月の貯蓄額
1年間で100万円貯蓄	100万円÷12カ月＝約84000円
2年間で100万円貯蓄	100万円÷24カ月＝約42000円
3年間で100万円貯蓄	100万円÷36カ月＝約28000円

1年で100万円貯めるのは、難しいけれど、3年かければできそうな気がしませんか。もう少し頑張れそうな人は、2年を目指してもいいですね。100万円を確実で簡単に貯める方法は、「積立型定期預金」です。給料などの口座から、毎月決められた日に引き落とされるように設定できます。「積立型定期預金」に申し込めば、3年後には自然に100万円が貯まっています。

僕は、収入や支出を考えて、2年で100万円を貯蓄。初めの一歩として100万円が貯まると、お金に自信が持てるようになりました。そのあとも、同じように目的、期間、金額を意識して、貯蓄を続けました。

●リムベアーの現在の貯蓄　総額約1000万円

（内訳：ハワイ旅行用貯蓄約100万円、いざという時用貯蓄約850万円、投資信託約50万円。他に児童手当やお祝いなどを積み立てた、子ども用貯蓄もある）

＊我が家は目的を細かく分けていませんが、マイホーム用、車用、帰省用などそれぞれのお宅の目的に合わせて貯蓄してもいいですね。

借金はできるだけ早く返したいと思いましたが、貯蓄がなかったので、借金返済と貯蓄を並行して行いました。借金は毎月定額をコツコツ返済。さらに、会社員だったので、ボーナスや残業代、不用品をヤフオクなどで売ったお金といった臨時収入も、借金返済に当てました。そんな中で、少しでも貯蓄ができるようになると、家計管理が楽しくなりました。

貯蓄ヒストリー

2012年	借金250万円 貯金ゼロ　結婚
2013年	就職　小さい家に引っ越し
2014年	貯蓄100万円達成
2016年	年150万円貯蓄 貯蓄総額500万円達成 借金も返済（2015年に臨時収入があって100万円を返済）
2017年	インスタ、ブログをスタート ファイナンシャルプランナー3級の資格を取得 子どもが誕生
2018年	貯蓄1000万円 （実質貯めたのは600万。400万円は奥さんの結婚前の貯蓄） 会社を退社し、独立

”目的・期間・金額を意識すれば貯められる“

Method

07

日々の家計管理はクレジットカード払い対応の袋分け

クレジットカード払いは混乱しないことが大切

ここからは決めた予算をどのように守っているのか、日々の家計管理についてお話しします。我が家は現金を袋分けをしていますが、クレジットカード払い対応にしています。

僕はクレジットカード決済ができるモノは、少額でもすべてカードを使用し、ポイントを貯めています。僕のカードはポイント還元率1.25%のREXカード。年2〜3万円分貯めて、カードの利用額から差し引いて得をしています。

このカードで、水道光熱費、食費、日用品費など何でも払います。奥さんは僕の家族カードを持っているので、全てをこのカードに集約。よく使うクレジットカードは1枚にすると、利用履歴を見れば、いくら使ったのかすぐにわかるので、家計管理が楽です。

ただし、クレジットカードは手元の現金が減らないので、お金を使ったという感覚を持ちにくい。インスタグラムのフォロワーさんからも「クレジットカード決済分のお金の管理がわからない」と質問されます。僕は、支出を把握するために、あえて現金と袋分けを活用しています。次のページから、その方法を紹介します。

●リムベアー式クレジットカード払い対応袋分け

①手元でやりくりする１カ月分の生活費を給料口座から引き出す

給料口座から、家賃、貯蓄、保険など引き落とされるものを除き、手元でやりくりする1カ月分の生活費を全て引き出します。１０００円札を多めにすると袋分けが楽です。

②費目別に予算を袋分けしていく

予算表通りに、費目ごとに予算を振り分けていく。紙袋は耐久性に欠けるので、クリアケースにしています。透明でお金が減っていくのが見えるので、無駄遣い防止に。費目名は、マスキングテープに書いて貼っておきます（P．30に写真あり）。

③クレジットカード専用クリアケースを用意する

各費目のクリアケースとは別に、クレジットカード専用クリアケースを用意します。クレジットカードで購入したら、商品の該当費目からクレジットカード用のクリアケースに現金を移動。メモを入れておいて、使った日付と店名、金額を書き込みます。食費の買い物は1回分は少額なので、ある程度まとまったら入れています。

④家計簿では現金とクレジットカードを区別しない

家計簿には、現金でもクレジットカードでも関係なく、使った金額を記入するようにしています。

⑤クレジットカードの明細とメモと照らし合わせる

明細とクレジットカード専用クリアケースのメモを照らし合わせて、金額をチェック。不正使用されていないかも確認できます。

⑥銀行口座にクレジット決済分の金額を入れる

クレジットカード専用クリアケースのお金を、引き落とし用銀行口座に入れます。クリアケースに残ったお金は、我が家はそのまま残し貯めしています。

“クレジットカード専用の袋を作り、現金と同様に扱う”

Method 08

家計管理は仕事と同じ。「PDCA」を活用する

夫婦で月末の反省会、年末の予算会議をする

決めた予算を守る方法として、さらなるテクニックは「PDCA（計画、実行、確認、改善）」を活用することです。仕事で、PDCAが大切だと言われていますが、これは家計でも同じ。**僕は、仕事をして稼ぐよりも、家計管理をPDCA化し、力を入れるほうがいいと思っています。浪費がなくなり出費が減って、必要以上に働かなくてもよくなるから。**自分の時間ができ、家族との時間が増えて毎日が楽しくなります。僕は仕事が好きですが、長時間働くのは嫌いです（笑）。

我が家は、毎日の家計簿の記入は奥さんが担当し、僕が月末に、費目ごとの支出の合計をパソコンで集計し、反省点や改善点を二人で共有します。

さらに、年1回年末に二人で翌年の予算会議をしています。今、我が家の予算表は年間で考えて作成。月々の支出や収入は一定ではないので、年間で考えたほうが、ストレスが少なく、確実に貯蓄ができると思います。次のページから、「お金PDCA」のやり方を説明します。

毎日&月間PDCA

＊毎日

DO（実行）&CHECK（確認）

買い物をしたら、使った金額を必ず家計簿をつけます。費目ごとの予算が決まっているので、予算を超えないように常に意識します。

＊月1回

CHECK（確認）&ACTION（改善）

費目ごとの支出を把握します（P.68の年間家計簿を参照）。実際の支出が予算の金額と比較して、超過していないかを確認。赤字なら原因を探し、改善します。

年1回PDCA

①PLAN（計画）

12月31日に1年間の家計簿を参考に、各費目の数字を合計して平均金額を出します（P.68の年間家計簿を参照）。翌年の予算を仮に算出します。

②CHECK（確認）&ACTION（改善）

今年の予算表と照らし合わせ、①で出した仮の予算表の増減をチェック。増えていたら理由を考えて、納得できたら予算をアップさせます。減っていたら、同様に予算をダウンさせます。

③PLAN（計画）＆DO（実行）＆ACTION（改善）

翌年の予算を決定し、1年間使用。途中で予算が守れなくて、原因がわかったら金額を調整することもあります。

結果

この「お金PDCA」を活用して、2016年は、年間150万円の貯蓄に成功。家計管理を始めてから、一番多く貯蓄できました。

＊収入390万円
＊支出240万円（毎月の支出17万円と特別費3万円×12か月）
＊貯蓄150万円

”家計管理にPDCAを取り入れたら、年150万円の貯蓄“

7月	8月	9月	10月	11月	12月	⑤ 1年間合計	⑥ 1カ月平均
45,000円	45,000円	45,000円	45,000円	45,000円	45,000円	540,000円	45,000円

年間家計表の作り方

①縦軸は費目を書く
②縦軸の最後に、支出合計（貯蓄を除く）、収入合計、貯蓄額を書く
③費目ごとの予算を書く
④月ごとの金額を書く。
⑤費目ごとの1年間の合計を書く
⑥⑤の合計金額を12で割って平均を出す

リムベアー式年間家計簿

	③ 予算	④ 1月	2月	3月	4月	5月	6月
① 家賃	45,000円	45,000円	45,000円	45,000円	45,000円	45,000円	45,000円
電気	3,000円						
ガス	5,000円						
水道	3,000円						
ネット	5,000円						
スマホ	3,700円						
保険	6,500円						
おこづかい	2,000円						
衣服費	5,000円						
車費	13,000円						
更新代	2,500円						
食費	25,000円						
外食費	10,000円						
日用品費	7,000円						
ガソリン代	7,000円						
化粧品費	5,000円						
医療費	5,000円						
子供費	4,000円						
予備費	10,000円						
② 支出合計		158,500円					
収入合計		223,000円					
貯蓄額	50,000円	50,000円					

※表内の費目や金額は全て例です。それぞれのに合った費目や数字を記入してください。

Method

09

家計管理は共同作業。収入は全て「家族のお金」にする

夫婦で話して二つのルールを決めた

予算を守るためには、テクニックだけでなく、精神的にストレスがないことも大切です。結婚当初の僕はとにかく家計管理が苦手で、奥さんに任せっぱなし。自分の給料を「家族のお金」にすることが嫌で、自由に使えなくなったとストレスを感じていました。よくけんかにもなりました。

そこで、二人で話して**①家計管理は二人で協力してやる②収入はどちらが稼いでも「家族のお金」にする、**この二つのルールを決めました。

家計管理は、夫婦のどちらか一方がしている家庭が多いと思いますが、僕は二人ですることを提案します。家計の現状がわかり、「自分だけ頑張っているのに、夫が節約に協力してくれない」とか「貯蓄が増えないのは、妻の家計管理が下手だからだ」などの不満がなくなるからです。また、毎月の収入も独身時代の貯金も、「家族のお金」にすると意識を変えたら、余計なストレスがなくなりました。我が家は、毎日の家計簿は奥さんが、月間、年間の集計は僕が担当しています。

僕がブログで行っている家計相談で、「借金があることを夫に話せない」という方がいます。その気持ちはよくわかりますが、僕は「できるだけ早くご主人に相談してください」と伝えます。一人で頑張っていると、やがて破綻すると思うからです。我が家のように、苦しいときだからこそ二人で協力することが必要。家計管理に正解はないので、夫婦二人で納得する方法を見つけましょう。うちはどうにか乗り越えられました。

“苦しい家計こそ、夫婦で協力して乗り切ろう”

Part 2

お金に支配されない節約

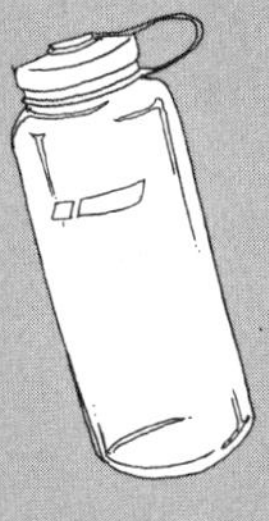

Method

10

辛くて苦しい節約はやり方を間違えている

目標があれば節約も楽しい！

僕は、もう6年以上節約生活を送っていますが、毎日とても楽しいです。節約は辛くて苦しいと思っている人は、きっと間違った節約をしています。**僕が節約するために必ずやっているのは、「目標を設定する」ことですね。ただやみくもに節約していると必ず挫折すると、経験上思うのです。**目標がないと、なんのために頑張っているのか、わからなくなってしまうからです。

節約を始めた頃から、大きな目標と小さな目標を設定しています。例えば、数年間かかる大きな目標は、**①ハワイ旅行用貯蓄100万円②メイン貯蓄残高500万円。次に数カ月〜1年ほどでできる小さな目標は、①温泉旅行に行く（旅費4万円）②憧れのレインジャケットを購入する（商品代金2万円）**、としました。

目標にする金額を決めたら、期間と毎月の積み立て額を設定します。日々のやりくりが赤字にならないからこそ貯蓄ができるので、節約も苦しくないのです。大きい目標だけだと先が長すぎて辛くなってくるので、早めに達成できる小さな目標を作ると励みになります。

つまりこんな感じでメリハリをつけているのです。

①大きい目標&小さい目標を設定する↓②大小の目標を目指して節約を頑張る↓③小さな目標で自分や家族にご褒美をあげる↓④リフレッシュ！↓⑤次の小さい目標を設定する↓⑥大小の目標に向けてまた頑張る

最初に設定した大きな目標のハワイ旅行用貯金100万円は、無事に貯まりました。息子が2歳になる前に、家族3人で行く予定です。日々は、節約を頑張っていますが、ハワイに行ったら、予算いっぱい使って楽しみます。

僕は自称「プロの節約家」です（笑）。心がけているのは、ケチにならないこと。ケチとは、必要なモノまでお金を削ってしまうことを言います。例えば、食費を削りすぎて健康を損ねてしまったり、電気代を削るためにエアコンを使わずに寝不足になったり。削るところは、そこではありません。もっと無駄なお金を使っているところがあるはずです。

僕が、節約をしようと思って一番最初にやめたのは、コンビニでのなんとなく買いです。外出したとき、仕事帰りなどになんとなく寄って、特に欲しいわけでもないのにお菓子を買ったり、ジュースを買ったり、雑誌を買ったりしていました。もちろん、本当に必要なら買ってもいいのですが、それほど必要がないモノに、お金をかけるのはもったいない。週2回500円使ったとして、1カ月で4000円弱。食費で4000円節約しようと思うと大変なのに、簡単にコンビニで使っていたりします。

家計簿をつけ始めた頃、コンビニ費という費目を作ってどのくらい無駄買いをしているかチェックしたことがあります。コンビニに立ち寄ることが多い人は、一度試してみることをおすすめします。

”ケチではなく、節約のプロになれば苦しくない“

Method 11

食費の節約はメリハリをつければ、ストレスなし

食費と外食費を分けて管理する

僕は、食費を削るのはあまりおすすめしません。節約しすぎて栄養が偏ると、健康を害して医療費がアップする可能性があるからです。それに、食べることは楽しみでもあるので、寂しい食卓だとストレスがたまります。

我が家の1カ月の食費予算は、自炊用の食費2万5000円、外食費1万円の合計3万5000円です。極端に安いわけでもないですが、高くもない金額。食費の予算は、手取り月収の15%～20%が適正だと思っています。

食費の節約のポイントはメリハリをつけること。例えば、我が家の食事は、朝と昼は軽く、夜はしっかりとした内容にしています（P.32に写真あり）。

朝は具をのせたトーストと果物、昼はおにぎりとおかず1品、野菜を入れたインスタントラーメンのときもあります。会社員だったときは、お弁当を持って行きましたが、ごくシンプルなもので午後からの仕事の栄養補給的感覚。そして、夕食はしっかり食べます。時間が17時半ごろからと早いので胃にもたれません。食事は楽しみでもあるので、全て軽くすると寂しくなるもの。でも、メリハリをつければストレスがたまりません。

また、我が家は外食費を別に予算立てをしています。いつも節約を頑張っているからこそ、週末のどちらか1回のランチは必ず外食にして息抜き。予算は月1万円で、ファストフードで安くすませることもあれば、ちょっといいレストランで食べることもあります。**外食もメリハリをつけると、1万円でも満足感があります。そして、必ず毎月使い切って満喫。節約だけだとストレスで爆発してしまいますが、週末の外食で、平日の節約も乗り切ります。**

日々の食費のやりくりは、奥さんが担当しています。買い物をしたときに、家計簿に金額を記入するのですが、予算から使った金額を引き算した残金を空いてるスペースに書いておくんだそう。今月はあといくら使えるかわかっていると、節約意識が高まります。月末にお金がなくなってきたときに、「あと1週間は1日●円で過ごそう」など目安がわかり、頑張れます。予算内でひと月を乗り切ると、「やった！」とゲームに勝ったような気分になるとか。

最後に、我が家がやっている食費の主な節約を紹介します。特別なことではなく、ごく当たり前のことをコツコツやっています。

- ●肉は安いときにまとめ買いして冷凍しておく
- ●冷凍できないものは食べきれる分量しか買わない
- ●よく使う調味料はお得な業務用にする
- ●冷蔵庫のストックは50%くらいにする
- ●ジュースやアルコール類は買わない
- ●食材を長持ちさせる方法を勉強する

”ストレスになるような過激な節約はしない“

Method 12

格安スマホに変えて、夫婦で年15万円弱の節約に

使い心地もよく、乗り換えて正解

節約家の僕でも、スマートフォンは必要なモノだと思っています。でも、月々の通信費はできるだけ低く抑えたいもの。長年、大手キャリアを使用していて年間約10万円、夫婦で年約20万円もかかっていました。

格安スマホに変更したら、通信費が4分の1以下になり、年15万円弱抑えることに成功したのです。我が家はLINEモバイルにして、夫婦で月約3700円。LINE、フェイスブック、ツイッター、インスタグラムの使用にはデータ通信量を消費しないプランで、データ容量は3GB。格安スマホの一般的に言われているデメリット部分は、僕なりに乗り越えました。デメリットはそれほど感じず、使い心地はいいですね。

●通話料金が高い↓電話はかけない。かけるときは、LINEの無料音声通話を使う

LINEモバイルの場合は、通話料金は30秒で20円かかります。電話かけ放題のオプショナルプランもありますが、10分で月880円と安くない。僕は、どうしても必要なとき以外は電話しません。またはLINEの無料音声通話を利用します。

●通信速度が遅い時間がある→時間をずらせば問題なし

スマホを利用する人が多い時間、お昼ごろ、夕方などは、通信速度が遅くなることがあります。でも、少し時間をずらせばいいので、大きな問題ではないですね。

●大手キャリアのメールアドレスが使えなくなる→フリーのメールアドレスを取得

@docomo.ne～とか@softbank.ne～という、今まで使っていたアドレスが使えなくなります。でも、フリーのメールアドレスを取得すれば問題なし。僕はGmailアドレスを取得しました。友人に知らせる手間も大したことありません。

●今まで入っていたキャリアに違約金を払う→払っても節約になる

大手キャリアは2年契約のプランが多く、2年以内で解約すると違約金を取られます。乗り換えるのに最も良い時期は2年契約が終わってからの2カ月以内で、違約金は発生しません。でも、僕は違約金を払っても、格安スマホにしたほうが節約になるとわかったので乗り換えました。

●アフターフォローが充実していない↓改善はしてきている

LINEモバイルの場合は、実店舗が少ないですが、メール、電話、チャットで問い合わせができます。一度、電話をしましたが、対応は良かったです。対面で相談したい人は、実店舗が多いワイモバイルやイオンモバイルなどを選ぶのもいいかもしれません。

格安スマホの中で、どこを選ぶのがよいかは一概には言えませんが、選び方の参考になりそうなポイントを紹介します。

●サービスやサポートが充実。サブブランドと呼ばれている。料金は高めだけど大手キャリアよりは安い↓**ワイモバイル、UQモバイル**

●楽天カードを持っているなら、お得がいっぱい↓**楽天モバイル**

●全国のイオンの店舗で契約できる↓**イオンモバイル**

●料金が安い。しかし実店舗はない↓**DMMモバイル**

●料金プランが充実↓**mineo**

”デメリットは乗り越えられる。早めに格安スマホに変更を“

Method

13

流行を追わずに、少ない洋服でおしゃれに暮らす

ファッションの流行を追うのはコスパが悪い

僕は洋服が大好きで、たくさん持っていました。でも、いつも「着る洋服がないな」と思っていて、もっとカッコいいモノ、もっと最新デザインのモノが欲しいと買い物をしていました。

東日本大震災で被災し、お金とモノとのつき合い方を変えたら、ファッションの流行を追いたいと思わなくなりました。毎年変わる流行にのるのは、すごくコスパが悪い。**スタンダードな洋服を長く愛することが、衣服費の節約の近道だと考えたのです。今の僕の洋服選びのポイントは、この三つです。洋服選びがラクになり、無駄買いもなくなりました。**

①着ていて心地良い②耐久性が高い③ダメになってもまた欲しいと思える

我が家の衣服費は月5000円。これを1年間積み立てて、6万円にして、夫婦で3万円ずつ使います。どうしても欲しいモノがあったら、途中で買ってもいいし、全額使わずに翌年に繰り越してもいいのです。

僕の洋服をリストにして、紹介します。比較的安くないモノですが、着心地の良さや耐久性の高さにこだわると、自然とそうなりました。**節約は安いモノを買うことと誤解されますが、自称プロの節約家（笑）は多少高くても、長く使えるモノを選択。こちらのほうがコスパはいいし、心の満足度が高いです。**

よく聞かれる質問にお答えします。

Q「洋服が少なくて、毎日同じで飽きませんか？」

A「お気に入りの厳選した洋服ばかりなので、着るたびに満足感があります。今、着ているのがダメになったら、同じモノを購入します。そのくらい好きなモノで少数精鋭です」

リムベアーの洋服リスト

ボトムス	グラミチのクライミングパンツ	2本
トップス	セントジェームスの無地の長袖Tシャツ（秋冬春用） グッドウェアの半袖Tシャツ（夏用） パタゴニアのフリース パタゴニアのダウン（冬に家の中で着る）	2枚 2枚 1枚 1枚
アウター	ナンガのダウンジャケット ノースフェイス のレインジャケット	1枚 1枚
インナー	ユニクロのネイビーのパンツ&Tシャツ	各7枚
靴下	ナイキの黒のアンクルソックス	7枚

Q「おしゃれは諦めているんですか?」

A「洋服を少なくすると、逆におしゃれになれます。余計なモノを買いたくないので、ひとつひとつを慎重に選ぶようになるから全てお気に入り。それに、僕は、普段はもったいないから2軍の洋服を着るということはしません。洋服の数は少ないですが、全て1軍。毎日、洋服を着るのが楽しいです」

洋服リストを見るとわかると思いますが、アウトドアブランドのモノを選んでいます。着心地がよくて耐久性が高いモノと考えると、ぴったりなんです。最近は、デザインもおしゃれなので、街で着てもOK。また、高い耐久性は、防災用としても役に立ちます。

"お気に入りの洋服だけだから、数は少なくても毎日が楽しい"

Method

14

毎日の飲み物代節約で年5万円以上得できる

節約モチベーションをアップするコツは長期で見ること

仕事や買い物などの外出時の飲み物を、喉が渇くたびに自動販売機やコンビニで購入していると、結構な出費になります。500mlペットボトルのお茶を毎日1本、コンビニエンスストアで買って飲むとして、1年間どのくらいかかるか計算してみましょう。

1本140円×365日=5万1100円

年5万円以上かかるなんて、計算してみないとわかりませんよね。僕は、5万円の節約を目指して、外出するときはアメリカのメーカー「ナルゲン」の水筒に、水道水か麦茶を入れて持って行きます。「ナルゲン」の水筒は軽くて丈夫、そしてシンプルなデザインが気に入っていて、8年以上も愛用しています。世界中の登山をする人やバックパッカーに、愛されているのも納得です。ただ、保温保冷ができないので、温かいものを飲みたい冬は、サーモスのケータイマグを使っています。水道水を沸かして、白湯にして入れています。

より節約効果を実感したいときは、節約したペットボトル代を貯金箱などに貯めてもいいですね。**1年で5万円以上貯まると思えば、節約モチベーションもアップ。2年貯めたら、海外旅行にも行ける金額になります。そう思ったら、水道水を飲むのも、全く苦じゃなくなりました。**

会社員時代、毎日お弁当を持参して、お昼代を節約していました。仮に仕事に行くとき、毎日700円を外食代に使っているとして、1年でどのくらいの出費なのでしょうか。

1カ月で700円×22日（週休2日）＝1万5400円
年間で1万5400円×12カ月＝18万4800円

外食代が年間約18万円もかかります。これを手作りのお弁当にすると、1年でいくら節約になるか計算してみましょう。会社員時代は、お弁当1個のコストが150円くらいでした。

1カ月で、150円×22日（週休2日）＝3300円
年間で3300円×12カ月＝3万9600円
外食派とお弁当派の差額は18万4800円－3万9600円＝14万5200円

お弁当を自分で作るだけで、年間14万円もの貯蓄ができちゃいます。外食1回だけでは大したことない出費でも、年間で考えると、結構な金額になります。

何事も、短期的に見ると小さいことでも、積み重なると大きなことになります。長期的な視野に立つと節約も辛くないはず。飲み物やお弁当だけでなく、節約のためにやめたいモノの年間で得できる金額を考えると、モチベーションがアップします。

"1回分ではなく、年間で考えると大きな金額を節約できる"

8年以上愛用しているアメリカのメーカー・ナルゲンの水筒は、デザインもお気に入り。水道水か麦茶を入れて外出する。

Method

15

保険節約のために、保険の本質を考える

保険の内容をきちんと理解してないことが多い

ライフネット生命会長の岩瀬大輔さんの著書『パパ1年目のお金の教科書』（筑摩書房）の中に、「最強の保険は貯蓄。リスクに耐えられるだけの貯蓄があれば、わざわざ保険に入る必要はない」というようなことが書かれていて、僕は共感しました。

保険に加入している人は、自分の保険の内容を理解しているでしょうか。以前は、僕も知人に頼まれて、内容がよくわからない保険に入っていました。でも、あるとき思い切って解約。内容をきちんと理解した上で、保険料も安くなる保険に入り直しました。

何かあったときのために備えることは大切ですが、そのための支出が日々の家計を圧迫していたら、本末転倒です。まずは、「生命保険とは何か？」と本質を考えてみました。被保険者（保険の対象になっている人）が亡くなったときに、残された家族に保険金が支払われるのが生命保険です。つまり、残された家族が安心して暮らせるためのお金です。生命保険の本質を考えると、必ずしも保険でなくてもいいんだとわかりました。

僕は、必要最低限の保険に入り、あとは貯蓄で賄うという考え方をしています。専業主婦の奥さんには、生命保険はかけていません。もし、奥さんが亡くなっても、収入面でのダメージはないからです。その分のお金は、貯蓄に回しています。もし、扶養家族がいないという場合は、思い切って、生命保険に入らないという選択もありだと思います。

我が家の毎月の保険代は6500円。内訳は、夫婦2人の医療保険を県民共済に4000円、僕の生命保険に2500円です。生命保険は年払いにしているので、2500円を1年分貯めて支払います。年払いにすると割引になるので、少しだけ得ができます。

僕の生命保険は、子どもが生まれたのを機に入った60歳までの掛け捨てタイプの定期保険です。僕が死亡したら、奥さんが1300万円受け取れることになっています。保険料は年間約3万円で月約2500円。一生保障される終身保険にしなかったのは、**保険に貯蓄性を求めていないからです。貯蓄は自分でするものだと思っています。**

また、終身保険で保障を充実させようとすると月々の保険料が高額になり、日々の家計を圧迫してしまいます。僕はそれがストレスになるので、貯蓄は貯蓄、保険は保険とするほうが、いいなと考えました。

ただし、保険は色々な考え方があります。僕の考えとは反対に、リスクに備えたいから、手厚い保険に入りたいという場合もあると思います。また、貯蓄が苦手ですぐに引き出してしまうから、解約しづらい保険で貯めるという人もいるかもしれません。要は、内容をきちんと理解して、納得して入ること。すすめられるままになんとなく入った保険が日々の家計を圧迫している、こんな状態は避けましょう。

”貯蓄がしっかりできれば、保険に頼りすぎなくてもいい“

Method

16

車はこだわりを卒業し、「移動のための道具」にする

コンパクトカーと原付バイクを活用する

僕が住んでいる地方都市は、車は必需品です。だから、車のお金をゼロにできませんが、できるだけ抑えたいと思い、価格が安く燃費のいいコンパクトカーに乗っています。

モノをたくさん持っていた頃の僕は、車にもこだわっていました。イギリスのローバーミニに乗っていて、自分好みにお金をかけてカスタマイズ。故障も多く、その都度修理代もかかっていました。モノを減らし、ミニマリストを目指すようになってから、車に対してもシンプルな考え方をするようになりました。**車は移動するための道具で、できるだけコストをかけません。**もちろん、車が好きでこだわりたい人はお金をかけてもいいと思います。でも、毎月の家計が苦しくて、何か節約したいのなら、車にかかる経費を見直すことをおすすめします。

我が家の車の年間コストは16万3229円です。僕と奥さんの2台持っていたほうが便利ですが、コストがかかりすぎるので、1台は原付バイクにしました。僕の移動には、これを使っています。原付バイクにかかる年間のコストは7800円。車の年間維持費の1/20以下になりました。ガソリン代も、車は月6000円ほどですが、原付バイクは月300円ほどです。雨風を直接受ける、真冬は寒いなどのデメリットはありますが、節約になるので原付バイクを選びました。

僕は、1年間の車と原付バイクにかかるコストを表にまとめ、税金や保険などの高額請求がきたときに慌てないように、準備しています。任意保険、自動車税、車検代（2年に1度）、オイル交換代などの年間の金額を足して12で割って、月1万3000円をガソリン代とは別に積み立てています。

最近、車の任意保険を、それまで知人の紹介で入っていた保険会社から、インターネットのダイレクト型自動車保険に変更しました。20等級で9万5000円ほど払っていましたが、7万3729円に減額。今、事情があって6等級なのですが、20等級まで進めば、あと3万円ほど節約できそうです。車のコストの節約のために、ダイレクト型自動車保険を検討するのもおすすめです。

”節約のために、車にかかる経費の把握を“

リムベアーの車＆原付バイクの年間費用

年間費用を足して12で割って、月々の費用を算出し、毎月積み立てています。

車検、整備費などを多めに予算立てしているので、月の積み立ては1万3000円にしています。

車年間費用まとめ		
任意保険料	毎年	73,729円
自動車税	毎年	29,500円
車検費用(2年に1度)	100,000÷2	50,000円
整備費用	オイル交換など	10,000円
	年間費用	163,229円
	月々の費用	13,602円

原付バイク年間費用まとめ		
自賠責保険(5年)	17,330円÷5	3,466円
軽自動車税	毎年	2,000円
任意保険	自動車任意保険付帯	−
整備費用	オイル交換(778円×3)	2,334円
	年間費用	7,800円
	月々の費用	650円

※他にガソリン代が、車と原付バイク合わせて月7000円を別に予算立てている。
※駐車場代は、家賃に含まれている。

Method

17

水道光熱費の節約は、当たり前のことをするだけ

毎日続けられる、無理のない節約術

インスタグラムのフォロワーさんから「水道光熱費の節約術を教えてください」と言われることが多いのですが、実は、特に変わったことはしていないんです（汗）。**季節によってバラツキはあるので、1年分を合計して12で割り、月平均を出して予算立てしています。** 電気3000円、ガス5000円、水道3000円で合計11000円です。

我が家で実行している、毎日続けられる節約を紹介します。

●電気代

*キッチン

・冷蔵庫はスカスカに、冷凍庫はしっかり詰め込む。

・冷蔵庫の開け閉めは最小限に抑える。

・冷蔵庫を壁から適切な距離離してスムーズな放熱をさせる。

・炊飯器の保温機能は使わずに、炊飯後はご飯を小分けにして冷凍。

・電子レンジは小まめに掃除し、効率よく使う。

＊リビング

・家族で同じ部屋に集まって、無駄な照明、エアコンは使わない。
・照明の電球をＬＥＤにする。
・エアコンの設定温度は夏28度、冬20度、風量は自動にする。
・エアコンの電源はいちいち切らずに、必要ならば長時間つけておく。
・エアコンのフィルターはこまめに掃除する。
・扇風機を活用して、空気を循環させる。
・夏も冬も、ブラインドやカーテンを使って断熱&断冷。
・冬は家でもダウンを着てニット帽をかぶり、エアコンの設定温度は低めをキープする。
・テレビはつけっぱなしにしない。
・早寝早起きで無駄な照明は使わない。夕食後は間接照明を使う。

＊トイレ

・温水暖房便座の電源は切る（現在の家についているが、使っていない）。

＊その他

・契約アンペア数を意識する（我が家は30A）。
・支払いをクレジットカード決済にしてポイントを貯める（ガス代、水道代も）。

●ガス代

＊浴室

・浴槽の追い焚きはしない（現在の家には機能がついていない）。
・給湯の設定温度は低めにする。

＊キッチン

・ガスコンロは、必要がない限り中火で使う。
・揚げ物は時間がかかるので家ではしない。
・鍋で湯を沸かすときは、ふたを使う。
・鍋底の水滴は拭き取ってから火にかける。
・ガスコンロのバーナー部分は定期的に掃除する。

・食器洗いはひどい油汚れ以外は水で。寒いときはゴム手袋を使う。
・パスタを茹でるときは、早めに火を止めて余熱を利用する。

●水道代

＊浴室

・浴室のシャワーは、節水シャワーヘッドにし、スピーディーに使う。
・浴槽の水量は半分以下（40％）にする。
・シャワーの出しっぱなしはしない。

＊洗面所・キッチン

・食器を洗うとき、歯磨きのときなど水道を出しっぱなしにしない。

＊その他

・洗濯は少量を毎日ではなく、まとめ洗いする。

リムベアーの水道光熱費の節約実例

電子レンジの庫内が汚れていると加熱効率が下がり、電気代がかかるので、こまめに掃除をしています。

冷蔵庫は、冷気を循環させるため、詰め込みすぎないようにしています。食材が残らないように、買いすぎないのも節約に。

食器の後片づけは僕の担当。頑固な油汚れ以外は湯を使わず水で流し、ガス代を節約。すすぎはまとめて、水は出しっぱなしにはしません。

リビングと寝室の電気のかさは IKEAのモノ。シンプルなデザインが気に入っています。電球はLEDにして、電気代を節約。

”小さいことでもいいから始めてみましょう!“

Method

18

おこづかいは1000円でも我慢しない仕組みを作る

楽しみは家族で共有できるように工夫を

我が家のおこづかいは一人月1000円です。これをお話しするとびっくりされますが、今はこれで十分。欲しいモノや楽しむことを、諦めているわけではありません。

我が家はPART1の9でお話しした通り、**夫婦二人で家計管理をし、収入はどちらが稼いでも「家族のお金」と考えています。**だから、欲しいモノやお楽しみも、できるだけ家族で共有するために費目を作っています。外食は外食費月1万円から出します。衣服費は月5000円積み立てて1年後には夫婦で3万円ずつ使います。また、特別費として月3万円を積み立て、家電などの大きな買い物、国内の旅行などはここから出します。

友人とのランチなど各人の楽しみは申告制にして、月1万円の予備費から出しています。**つまり、なんとなく使うのではなく、欲しいモノや楽しみを明確化して、そのために堂々とお金を使うようにしています。**

おこづかいの金額は、その家のルール次第。夫婦それぞれが自由にやりくりするほうが向いている場合は、少し高めに予算立てしてもいいですね。**大切なのは、節約のためにおこづかいや楽しみのお金を削りすぎないこと。**我慢だけになると、ストレスがたまります。僕は、節約は辛いものではなく、人生を楽しむためにすることの一つだと思っています。メリハリをつけて、たまには息抜きしないと長続きしません。

節約していても欲しいモノを諦めない方法として、我が家で取り入れているのは「逆分割」。クレジットカードの分割払いの、逆パターンのイメージです。例えば、5万円のモノを購入したいとしたら、月々5000円を10カ月積み立てます。「逆分割」なら分割払いの手数料はないし、貯蓄を崩すこともありません。デメリットは時間がかかることくらい。でも、欲しいモノを手に入れるまでのワクワクできる時間ととらえればいいと思います。僕なら、その時間をリサーチに当てますね。それに、苦労をして手に入れたからこそ、その商品に愛着がわいて大切にするはずです。

”節約は人生を楽しむためのもの。メリハリをつけて息抜きを“

Part 3

モノに支配されない減らし方のコツ

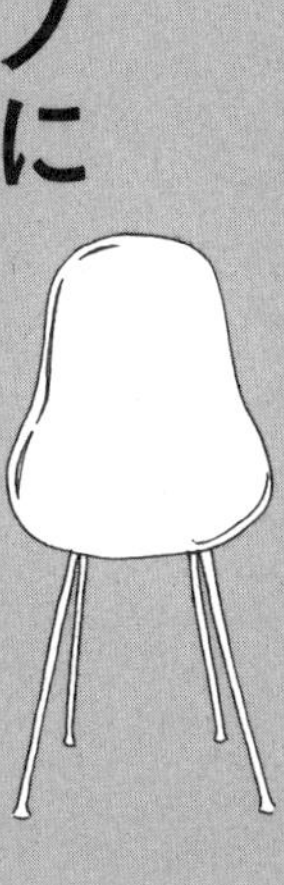

Method 19

「最小限で生きる」とモノが減って、お金も貯まる

節約とモノを減らすことを同時に実行

家計管理や節約に取り組むのと同時に、モノを減らすこともスタートしました。Part3では、僕のモノの減らし方、増やさないコツをお話しします。色々な収納、片づけに関する本を読んで勉強し、ミニマリストという考えに共感を持ちました。

僕はモノが大好きで、フィギュアなどのコレクターでした。部屋にはコレクションがあふれ、給料のほとんどをコレクション購入のために使い、いつもお金がありませんでした。東日本大震災で被災したことをきっかけに、お金とモノとのつき合い方を根本から見直したのです。

「最小限で生きる」というミニマリストの考え方に触れて、自分の生き方を見つめ直しました。自分にとって本当に必要なモノがわかり、無駄な買い物が減り、家計管理もできるようになりました。借金250万円で貯蓄ゼロだった僕が、自分なりの家計管理や節約を身につけられたのは、ミニマリスト的思考のおかげだと思います。節約や赤字解消法のハウツーだけでは、続きませんでした。

僕はミニマリストには2タイプあると思っています。

①極限型ミニマリスト
部屋には、テレビ、冷蔵庫、洗濯機、ベッド、ソファなどがない。極限までモノを減らして、生きている。
②シンプル型ミニマリスト
部屋には、家電や家具など、必要なモノが最小限ある。自分にとって、本当に好きなモノだけで生きている。

僕は②のタイプです。家族もいるので、今はこれが心地よいですね。モノは減らしたいけど、①のタイプではハードルが高いなと思っている方は、僕のように②のタイプを目指してはどうでしょう。

ミニマリスト的思考による大きな変化は「誰かと競わなくなった」こと。無駄なモノを買わなくなり、節約にもなっています。以前は「雑誌で人気のスニーカーを僕も買おう」「〇〇が車のホイールを新調したから僕もそうしよう」というふうに、「僕が」ではなく、「僕も」でした。本当は自分が欲しいからではなく、世間で人気、誰かが持っているからなどで買うことが多かったのです。

今は、自分にとって本当に価値のあるモノを買います。だから、流行も気にしない。ときどき、「あれ、いいな」と人が持っているモノが欲しくなることもあります。でも、すぐに「自分には必要ない。今、持っているもので十分に幸せだ」と思えるようになりました。SNSで情報がドンドン入ってくるので、誰かと競い合っていると永遠に浪費体質から卒業できません。

ミニマリスト的思考を身につけたら、「よそはよそ、うちはうち」と思えるようになり、モノも増えないし、節約もできるようになりました。

“誰かと競わなくなって、モノがいっぱいの浪費体質から卒業できた”

Method 20

スッキリした部屋の心地よさを忘れない

「ごちゃごちゃした部屋が落ち着く」は言い訳

コレクターだった僕は物欲の塊だったのですが、結婚して新しい生活を始めると部屋は一変しました。奥さんがきれい好きで、モノが多いことを好まなかったのです。最初は、よく衝突していましたけど、僕もミニマリストを目指そうと思い始めた頃だったので、意識が変わっていきました。**「スッキリした部屋ってこんなに心地いいんだ」とわかり、その心地よさを守るために、モノを減らし、増やさないようになったのです。**汚部屋に住んでいたときは、「ごちゃごちゃしているほうが落ち着く」なんて言っていたのですが、今は言い訳だったとわかります。

●スッキリした部屋でリムベアーが実感した心地よさ3

1. スペースの余裕ができたら、心にも余裕ができた
2. 収納が楽になって、取り出しやすくしまいやすくなった
3. 掃除が楽になったので、掃除好きになった

モノが少ない部屋の心地よさを守るために、買い物をしたくなったときに、「スッキリした空間の邪魔にならない?」と頭の中で想像するようになりました。物欲が抑えられ、モノを増やさずにですむのです。

”物欲が抑えられると、モノが増えない“

Method

21

いる理由ではなく、いらない理由を考える

買っただけで満足し、すぐに不用品に!?

なんでも欲しがっていた頃の僕は、いつでも頭の中が「欲しい欲しい欲しい欲しい欲しい」と気持ちが盛り上がっていました。**欲しいモノを買うために、「いる理由」を勝手に作**

っていました。


「これは将来きっと役に立つはず！」

「こんな気に入ったモノは、逃すと後悔する」

「セールだから、今買うと得できる」

そうして購入したモノは買っただけで満足してしまい、半年後には、部屋にあると邪魔なものになっていました（汗）。


でも今は、あえて「いらない理由」を探してみるようになりました。


「今持っているあれで代用できるから、必要ない」

「確かに便利だけど、これまでなくても生活できたよね？」

「しまう場所がないから、いらないかな」

そう考えると、不思議と物欲がなくなって、欲しくなくなるのです。それでもやっぱり欲しい気持ちがあるなら、それは本当に欲しいモノ。いらない理由を超えた、いる理由があるときは、堂々と買うようにしています。


"強力ないる理由があるなら、堂々と買う"

Method

22

サブは処分し、全てメインのモノにする

お気に入りをしまっておくのは、変だと気がつく

モノが多かった頃、モノにメイン（1軍・一番のお気に入り）とサブ（2軍）を作っていました。靴はサブを履いていることが多かったのですが、理由はメインが汚れると嫌だ

から。でも、あるとき、変だなと思いました。**メインのほうが好きなのに、使わずにしまっておき、そんなに好きじゃないサブを使うなんて、楽しくないなと感じました。**

また、こんなふうに思っていたこともありました。価格が高かったものはもったいないから、特別なときに使おう、普段は安いので十分。でも、それではモノがかわいそうだと考え直しました。**モノは使ってこそ価値があります。大切に保管しておくのは、モノを大切にしていることにはなりません。**

今は、サブを処分して、本当に必要なモノしか持っていません。気に入って選んだモノなので、価格もそれほど安くはありません。でも、それを普段にどんどん使います。汚れてきたら、きちんとメンテナンスをして大切にしています。さらに、サブを処分したらモノが減り、部屋がスッキリ。収納に余裕ができ、取り出しやすくしまいやすくなりました。

“サブがなくなったら、収納に余裕ができた”

Method

23

「1日1個捨てる」&「1日5分チェック」

毎日少しずつ減らして、大きな成果に

インスタグラムのフォロワーさんに、「モノを減らすために、具体的に何から始めたらいいいですか？」と質問されることがあります。**モノが多い人には、「1日1個不用品**

を捨てましょう」と提案します。これならできそうな気がしませんか。小さな一歩でも積み重ねると、大きな成果が得られます。

僕も以前に「1日1個捨てる」を実行し、モノがかなり減りました。そこで応用編として、「毎日5分の不要品チェック」を実行しています。机の上、引き出しの中、棚の中など、毎日、不要品がないか、空いている時間に1年中チェック。休日に大がかりな片づけをすると疲れてしまうタイプなので、毎日短時間するほうが合っています。習慣になるまでは、朝5分、寝る前5分など、時間を決めると続けやすいと思います。

「1日1個捨てる」「1日5分チェック」で、捨てる決心がつかないモノは、そのままにしておきます。考え込んでも答えは出ないもの。でも、日々モノと向き合う時間を作っていると、処分する決心が徐々についてきます。僕の経験から、**一度でも「いらないかな」と思ったモノは、ほとんど不用品。あとは、自分の気持ちの問題だけなのです。**

“日々モノと向き合っていると捨てられるようになる”

Method 24

プレゼントはモノより相手の気持ちに感謝する

気持ちは受け取り、不用なモノは処分

モノを処分するときに一番悩むのが、人からのプレゼントです。自分の好みではないけれど、プレゼントしてくれた人に申し訳なくて、なかなか捨てられません。

僕は「プレゼントは、モノというよりは気持ちをもらう」と考えます。感謝の気持ちはあるけれど、不要なモノなら処分。「僕のために、色々考えて買ってくれてありがとう」と、その人からの思いを受け取るようにしています。

僕はきちんとモノと向き合って、役目を果たしてくれたと思うときは、「ありがとう」と言って手放します。プレゼントは、贈ってくれた人の気持ちを伝えるという役目を果たしたら、処分してもいいと思います。贈った人も、もらった相手が迷って悩んでいる状況は望んでいないはずです。

とはいえ、できれば捨てないほうがいいので、僕がプレゼントするときは、好きなモノが買えるギフトカードにしています。金額がわかるので、情緒がないかなとも思いますが、無駄なモノを贈るよりもいいと考えています。モノを贈るのは、相手と一緒に買い物に行ける場合。相手が欲しいと言ったモノを、その場で買ってプレゼントします。

“モノをプレゼントするときは、本当に欲しいモノを”

Method
25
モノの価値は自分が決める

安くても自分に価値があるモノは捨てない

コレクションはほぼ処分したのですが、どうしても捨てられないモノがあります。新婚旅行で行ったハワイで買った、フィギュア2体（P.22に写真あり）。元々アメリカのフィギュアが好きなのですが、これらの質感や手触り、重さなど、モノとしてとても気に入っています。何度も「もういらないかな」と思って、ゴミ箱に捨てました。でも「やっぱり、まだ捨てられない」と拾ってきます。この繰り返しで、「僕にとっては価値がある」と気づきました。**高価ではありませんが、値段は関係ありません。**今は、仕事をするデスクから見える位置に飾って、毎日、眺めて楽しんでいます。ときどき、ホコリを拭いてあげて、大切にしています。

モノを捨てられない大きな理由に、値段が高かったからもったいないということがあります。でも、捨てるときの判断基準は、モノの値段でなく、自分にとっての価値にすると、手放すことが楽になります。

モノを捨てることの本当の意味は、「自分の価値観の整理」だとわかりました。「捨てる」ではなく、「自分にとって価値があるモノを残す」と考えると、捨てることが楽に。僕がモノの支配から解放され、自分らしく生きるきっかけになりました。

”捨てるのではなく、何を残すかが大切“

Method 26

景品やおまけに惑わされない

思い入れのないモノを増やさない

家族で買い物に行ったら、あるお店で先着〇名様のオリジナルのマグカッププレゼントのイベントをやっていました。お会計のときに、店員さんに「マグカップをプレゼントしますね」と言われたのですが、奥さんは「いりません」と答えました。タダでもらえて、しかも限定品。でも、いらないものはいらないんです。スパッと断って、店員さんを若干困らせた奥さんを僕は誇らしく思いました。**おまけとか景品はクオリティーが低いし、そして思い入れがないモノです。**

タダでもらえるモノは、ついもらってしまいがち。なんとなく「いりません」と断りづらい。でも、景品、おまけ、プレゼント、無料に惑わされてはいけません。惑わされ続けると、家の中にどんどんチープなモノがたまっていきます。

家の中にモノを入れるのは簡単ですが、捨てるのは大変です。僕は、安易にモノを増やさないようにしています。**モノを減らした後に、大切なことは「モノを増やさない」。1つ捨てても、2つ入ってきたら、モノは減りません。**

“景品やおまけをもらうと、チープなモノがたまる”

Method 27

「お得」が目的になるセールには行かない

盛り上がっているときは、即決しない

昔の僕は、セールという言葉が大好きでした。休みのたびにショッピングモールやアウトレットに行って、お得にモノを買うことが何よりの楽しみだと思っていました。そ

のときは、モノではなく、お得に買うことが目的になっていましたね（汗）。だから、買うだけで満足してしまって、何カ月もタグがついたままの洋服がよくありました。今は、セールには行きません。興奮状態で衝動的にモノを購入してしまうからです。

とはいえ、セールでなくても「これ欲しい！」と衝動的に思うことも。そんなときは一旦、家に帰り、こんな質問を自分にしてみます。

●リムベアー流モノを買うときに自分に聞く5つの質問

1. 本当に心から欲しいモノ？

2. 置く場所はあるの？

3. 週に何回使うの？

4. 長く使い続けられる？

5. 今あるもので代用できない？

クールダウンしてみると、それほど欲しいモノでなかったことがわかることが多いです。

“自分に質問してクールダウンする”

column

01 リムベアー流 自分らしく暮らすヒント❶

ミニマリストではない家族には、強要しない

「モノを減らしたいけど、家族が協力してくれない、どうしたらいいですか?」と質問されることがあります。実は僕もそう(笑)。奥さんは元々モノが少ない人で、結婚前はスッキリした部屋に憧れていました。でも、今では、僕のほうがスッキリ。とはいえ、奥さんに「モノが少ないと楽なんだから、もっと頑張ってよ」なんて言っていたら、毎日ケンカですよね。

僕は「家庭内ミニマリスト」を実践します。とにかく自分のテリトリー、持ち物をスッキリさせる。家族のモノを勝手に捨てたり、ミニマリストの考え方を押しつけることはしません。文句は言わずに、自分のミニマリスト道を磨き続ける。人は変えられないので、そこにイライラしても仕方がないもの。モノが少ない、心地よい暮らしを発信し続けていれば、家族も少しずつ変化してくれると思います。

Part 4

モノに支配されないていねいな暮らし

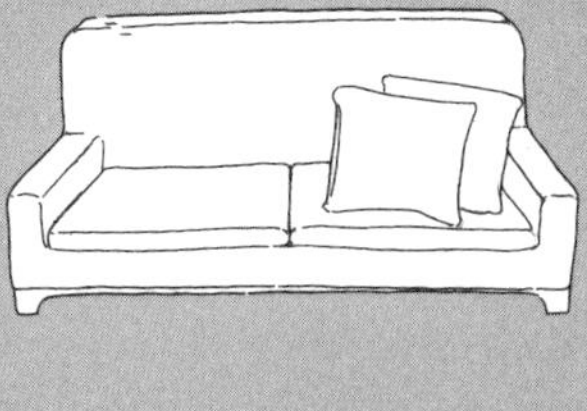

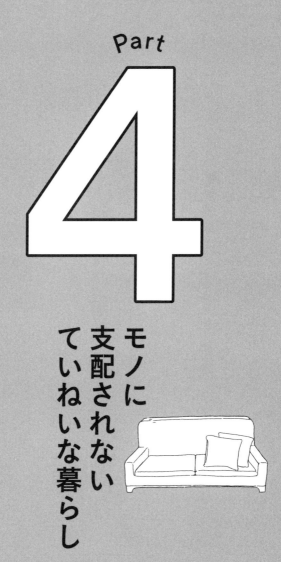

Method 28

ていねいに暮らすと、人生が変わる

ごく当たり前のことが、意外にできていない

部屋は散らかり放題で、掃除もしない。夜更かしをして、朝、起きられない。休日はダラダラして、気がついたら1日が終わっている。モノが多くて、お金がなかった頃の僕はこんなふうで、ていねいとは全く逆の暮らしをしていました。

モノを減らして部屋をスッキリしようと思ったのと同時に、暮らしもきちんと整えようと考えました。それまでは、**掃除などの家事や片づけは嫌いでほとんどしませんでしたが、実際に自分でやってみたら、思ったよりも難しくなかったのです。今は、毎日の習慣になりました。そして、モノが減る→お金が貯まる→暮らしが整うという、良い流れを実感しています。**

まずは、ていねいな暮らしのために、今日からすぐできることを紹介します。ごく当たり前のことですが、最初は続かないかもしれません。僕はていねいな暮らしを心がけたら、人生が良い方向に変ったので、小さいことから始めてみることをおすすめします。

●早寝早起きをする

実は、僕は苦手だったので、あえて最初に書きます。でも、これができるようになったら、暮らしが整いました。今は休日も早起きして、1日を目一杯楽しむようにしています。

●朝起きたらベッドメイキングをする

時間がなくてバタバタしがちな朝ですが、グチャグチャなベッドをきれいにします。時間はほんの3分ほど。ベッドと一緒にバタバタな心も整えられます。

●ゴミは放置せずに、捨てる

当たり前ですが、とても大事なことです。不用品はすぐ分別して、ゴミ袋にまとめます。放置すると面倒になってたまり、部屋がごちゃごちゃする原因になります。

●トイレはいつでもピカピカに

家の中で一番汚れる場所であるトイレは、常にピカピカに。我が家でトイレ掃除は僕が担当。小まめにしているので、1回の時間はたった5分。音楽を聞きながらするのが、リムベアー流楽しみ方です。

●玄関の靴は揃えておく

玄関に出しておく靴は、一人1足までにし、きちんと揃えることにしています。これだけで玄関がスッキリ見え、疲れて帰宅したときもテンションが下がりません。

●モノは定位置を決め、出したらしまう

モノが散らかる原因は、出しっぱなし。まずはモノの定位置を決め、次は、出したら必ず元の位置にしまいます。探し物がなくなり、時間も節約になりました。

●1日1回、リセットタイムを作る

たった5分でいいので、テーブルや床に散らかっているモノを片づけて部屋をリセット。僕は夜と朝の1日2回していますが、1回でも十分。夜寝る前、朝食を食べた後、出かける前など、1日の流れの中に組み込んでおくと、習慣になって長続きします。

“小さいことから始めて、続けていくのが大切です”

Method

29

モノを磨くと、自分も磨かれる

お気入りのモノはしっかりメンテナンスをする

僕は、日常の「磨く」時間をすごく大事にしています。お気入りのモノと向き合い、ていねいにメンテナンスをします。「お疲れさん、よくがんばったね」、「明日からも大変だと思うけど、よろしく」。こんなふうに、自分のモノに感謝を伝えます。

中でも靴磨きは、月1回のルーティンワーク。ダナーの革靴に輝きがなくなってきたかなと思ったら、そのタイミングです。まずは、ブラッシングして汚れを取り、さらに専用のクリーナーで落ちにくい汚れを取ります。このクリーナーには防カビ剤も入っていて、カビ予防にもなります。そして、オイルを全体に塗り、一旦、作業はお休み。6時間ほど置いてなじませ、最後は革靴を乾いた布で磨くのです。

革靴を磨いていると、忙しい日々の中で、立ち止まる時間が持てます。一つのことに集中すると気持ちが落ち着き、気になっていたこと、悩んでいたことなどを考えるいい機会に。少しずつきれいになっていく靴を見ていると、何事も小さいことの積み重ねだと気づかされます。**モノを磨くことで、自分自身もリセット。気持ちも新たに、また頑張ろうと思うことができます。**

“磨くことに集中し、気持ちを落ち着ける”

Method

30

家事や片づけは早めにやっつけておく

ダンボールを速攻でたたみ、放置しない

ネットショップからの商品が届いたダンボールは、どうしていますか？　昔の僕はたたむのが面倒くさくて、放置してためるタイプ。でも今は、ダンボールと商品が入って

いる箱を即たたみ、分別ゴミのスペースまで持って行きます。

僕は、本当に面倒くさがりです。以前は、面倒くさいことは後回しにしていましたが、モノを減らして部屋がキレイになったら、早めにやるタイプに変わりました。**「キレイをキープする一番楽な方法は？」と考えたら、汚れが少ないうちにやっつけることだとわかったからです。**

例えば、こんな工夫で、「早めにやっつける」を実行しています。

●食器は、食事がすんだらすぐ洗う。後片づけまでが食事だと思う

●汚れに気がついたら、さっと掃除する。Tシャツなどをカットしたウェスを、決まった場所に用意しておく。

●ゴミはすぐに捨てる。ゴミ箱や分別場所をわかりやすくする。

時間はほんの数分。汚れは軽いからすぐ落ちます。分量が少ないからすぐに片づきます。面倒くさがりの僕にぴったりな方法です。これで、毎日が本当に楽になりました。

”面倒くさがりさんには、特におすすめで一番楽な方法“

Method 31

「やることリスト」で1日が充実する

仕事だけでなく、プライベートなこともリストアップ

毎朝、必ず「やることリスト」を作ります。仕事の日だけでなく、休みの日も同様です。無印良品のメモパッドに、仕事、プライベートの両方の、今日やることを箇条書きします。次に、書き出したことに優先順位をつけたら、メモは切り取って、マスキングテープで見える場所に貼っておくのです。

あとは、優先順位が高いものからやっていくだけ。終わったら、ペンで消していきます。やるべきことが全て終わったとき、メモはゴミ箱に捨てますが、このときすごく達成感があるんです。

頭の中で考えているだけだと、忘れる可能性があるので書き出すことが大切。**やるべきことを可視化すると、効率がぐんと上がります。**できるだけ早くやるべきことを終わらせると、残った時間は自分の自由に過ごせます。

ていねいな暮らしを心がけるようになったら、時間の無駄も惜しくなりました。やるべきことをしっかりすると、家も暮らしも整えられます。そのほうが、心の満足感も高く、ストレスが少なくなりました。**仕事のときはもちろん、休日にも試してほしい「やることリスト」。休日が有効に使えると、仕事もまた頑張れます。**

”やるべきことが終わると、心の満足感も高い“

Method
32

書類に振り回されない仕組みを作る

書類に関するイライラを解消する

日々の暮らしで増えていく代表的なモノは、書類です。契約書、給与明細、家電の取扱い説明書などは大切だけれど、日常的には使わない。でも、必要なときにはサッと取り出したい。ほうっておくと、テーブルや棚に散乱して、イライラします。

僕は、書類をファイルに突っ込むと決めています。ファイルは事務用の大容量で、耐久性の高いモノを使っています。ファイルでなくても、ボックスでも、引き出しでもいいと思います。**重要なのは、1カ所に決めること。頭の中で「書類＝○○の中」と覚えると、必要なときに探しやすい。**新しい書類がきたときは、迷わず決めた場所に入れます。ファイルの中の分類は見返すときに便利なように、お金、家、保険などざっくりと分類しています。

書類の場所がいっぱいになったら、整理のタイミング。絶対にもう1ヵ所増やしたりしません。処分した家電の取扱い説明書、期限切れの書類など不要なモノは、取り除きます。現在進行形の書類は、それほど多くないので、1カ所で十分なのです。

僕の経験上、これを繰り返していけば、書類が増えないことはもちろん、書類の要不要の判断が早くなります。

“書類の収納場所は1カ所だけで増やさない”

Method 33

日々モノを見直す。常識で自分を縛らない

気に入っていたモノも、不要になることがある

僕は、仕事用のデスクの上に未処理の書類を入れておくために、レタートレイを置いていました。でも、書類はすぐ処理すれば、レタートレイはいらないと思い、撤去。デ

スクの上は、パソコンとスマホだけ。よりシンプルになって良い感じです。
さらに、デスクに組みわせていたチェストも撤去。これは僕が家具職人として作ったオリジナルで、とても気に入っているので処分はしません。今は、収納の中の整理用に使っています。また、外に出して使うこともあるかもしれないと思っています。
チェストに入れていた、文房具やハードディスク、カードケースなどは、無印良品の洗面用具ケースに入れて、つるして収納（P.16に写真あり）。よりコンパクトになったし、持ち運びができるようになったので気に入っています。

レタートレイやチェストなど、必要だと思って使っていたモノでも、時が経って状況が変われば、不要になることがあります。**僕は、見直せることがないかと、常に目を光らせます。自分で作った常識に、縛られてはいけないと思っています。**「こうあるべきだ」と自分から自由を奪わず、常にフリースタイルでいきます。僕はまだまだ進化途中です。

”考え方は日々変化するので、常にフリースタイルに“

Method 34

収納に余裕があると、心にも余裕が出てくる

収納は中身が見えるように余裕を持たせる

我が家の収納はシンプルです。モノが少ないので、テクニックがなくてもおさまってしまうからです。**中に何が入っているか、すぐにわかるくらいの余裕を持たせています。**

しまうのも取り出すのも楽。モノの出しっぱなしがなくなりました。

以前は、「モノが増えて収納が足りない。収納家具や収納用品を買おう」と思っていました。でも、しまう場所がたくさんあると、さらにモノが増えることに。そこで、少し思い切った方法ですが、収納家具をなくすことにトライ。しまう場所をなくしてしまえば、中に入れていたモノも処分せざるをえなくなり、有効でした。

モノを減らして収納に余裕ができたら、心にも余裕が出てきました。余裕がなかったころの僕は、いつもこんな感じでした。

●すぐイライラする　●いつも心がモヤモヤしている　●疲れが取れない
●体が重い　●気持ちが常にネガティブになる　●時間にルーズになる
●夜更かしをして、朝起きられない　●余計なモノを買ってしまう
●掃除をしない　●ゴミをため込む

もし、当てはまると思わる方は、モノを減らして収納に余裕を作りましょう。僕のように暮らしが変わり、心にも余裕が出てくるはずです。

"モノを減らすだけで、暮らしも心も変わる"

Method 35

部屋も心もリセットし、落ち着きを取り戻す

部屋がキレイだと気持ちも整う

僕は、「モノは出したらしまう」をルールにしています。それでも、**散らかることがあるので、1日2回、部屋を元に戻すリセットタイムを作っています。**寝る前と仕事を

始める前なのですが、モノがあるべき場所に収まっていると、気持ちもスッキリします。片づけや掃除をすることは、部屋がキレイになるだけではなく、気持ちも整っていくと気がつきました。

でも、気がつかないうちにたまっているのが、心のストレス。**部屋と同じように、心もリセットするようにしています。**僕のリセット法は、二つあります。一つは、アマゾンプライムのビデオで映画を観ること。ストレスで心がモヤモヤしたとき、映画に没頭。見終わると、冷静になり、心がリセットされています。

そして二つ目がランニング。現在は、週3～4回、約4キロを30分ほどかけてゆっくり走ります。モヤモヤしていた心の中が、走っていると整理整頓されていきます。

心をリセットできることを、具体的にピックアップしてみます。「これをしたからもう大丈夫」と、自分に言い聞かせると、心が落ち着きを取り戻します。自分らしくていねいに暮らすために、部屋と心のリセットは、どちらもおすすめです。

”自分らしくていねいに暮らすためにリセット“

Method 36

ため込んだモノたちに、命を奪われることもある

モノを減らすことは防災の観点からもおすすめ

最後に、防災のことをお話しします。ていねいな暮らしというテーマからは、少しずれてしまうかもしれませんが、東日本大震災のとき福島で被災した経験があるので、何かの参考になればと思います。

僕は、まだ結婚前で福島の実家で両親と暮らしていました。地震のときは家で仕事をしていたのですが、どうにか逃れて無事でした。ただ、その後、家に戻ったときは、高い家具はほぼ倒れ、モノは散乱し、ガラスが割れて足の踏み場がないような状態でした。自分はたまたま助かったけれど、もし下敷きになっていたら無傷ではすまないと思い、ため込んだモノに命を奪われるかもと恐怖を感じました。

僕の実家は残ったのですが、祖父母の家を含め周囲の8割くらいの家が津波で流されました。その光景を見て、一瞬で何もなくなってしまったことにショックを受け、モノに対する考え方が変わりました。本当に大切なモノとだけ生きていこうと思ったのです。

災害時、モノは凶器になることがあります。モノを減らして生きることは、自分や家族の命を守るためにも大切です。

災害のために、どんなモノを備えておくのか迷いますよね。地震を経験して、少ないモノで暮らしている僕が、実践していることを紹介します。僕が被災したとき、救援物資が届き始めたのは地震から3日経った頃でした。だから、最初の72時間を生き抜く準備をしています。当時は食料の備蓄はなく、救援物資が届くまでの3日間は、1日にせんべい2枚と500mlペットボトルのお茶、板チョコひとかけなどを食べていました。これでも生き延びられました。ただ、3日後に来た救援物資のポテトチップスの袋を、力が入らなくて開けられなかったのには、ビックリしました。


僕は過剰に非常食を用意する必要はないと思っています。我が家は、避難用のリュックにカンパン1缶を入れ、キッチンに水1ケース。そのほか缶詰やレトルト食品を、日常的に食べながらストックしています。

災害時には通常と同じように、おなかいっぱいに食べる必要はないと思っています。最低限で生きられればいいと考え、備えも最小限です。他に持っておいたほうがいいと思ったモノを紹介します。

●ヘッドライト

子どもの手を引いたり、瓦礫の上を通らないといけなかったりと避難するとき、手をいつでも使える状態にしておいたほうがいい。だから、僕は、フランスのクライミング用品のメーカー・ペツルのヘッドライトを常備。震災以降は、普段持ち歩くバッグに入れています。

●携帯ラジオ

正確な情報を収集するために必要です。電気が止まってしまうのでテレビは見られないし、スマートフォンは通信手段として充電を温存しておきたい。携帯ラジオなら、予備の電池と一緒に持っておけば数日持ちます。

●消毒液と包帯

災害時はケガをしやすく、僕も地震発生直後に膝をケガしました。ちょっとした傷をしばらくそのままにしていたら、化膿して治るまで苦労しました。念のために、消毒液と包帯はそろえておくといいですね。

●シュラフ

僕は、震災当日の夜、家族と避難所にいたのですが、ものすごく寒かった。特に高齢の祖父母には厳しかったようです。そこで、祖父母を僕の大きめの封筒型シュラフで包んで、寒い夜を乗り越えました。布団のようにかけて数人で使うこともできます。僕も足だけ入れていましたが、とても暖かかったです。

●アウトドアウエア

僕はアウトドアブランドのウエアや靴を日常生活で愛用していますが、それは災害に備えるためでもあります。アウトドアのモノは、防水性や保温性が高く機能的。軽くて丈夫なので、災害時でも対応できるからです。ノースフェイスのレインウェアは、避難するときに雨が降ったら重宝します。愛用している革靴ダナーは、ゴアテックス仕様で完全防水。ソールも丈夫でデコボコ道でも歩けます。ダウンジャケットは日本のシュラフメーカー・ナンガ製で、羽毛にこだわり暖かさは抜群。寒い冬も重宝していますが、災害時は息子を包むシュラフになると思っています。

“最小限ではあるけれど、必要なモノは外さない”

常備している防災用品は右上から時計回りに、エマージェンシーシート、カンパン、ランタン型ライト、油性ペン（伝言を残すときなどに重宝しました）、東京防災（アマゾンで購入）、消毒液、ラジオ、テーピング、マルチツール（アウトドアで使う七つ道具みたいなもの）、ヘッドライト、使い捨てカイロ、左 上の袋の中にはハンドタオル数枚（けがしたとき、助けを求めるときなどに便利）、手持ちのライト。他に飲料水を1ケース常備しています。

防災用品を入れたリュックはノースフェイスのテルス30。アウトドア用で、たくさんモノが入って背負いやすいのが気に入っています。

column
02 リムベアー流
自分らしく暮らすヒント❷

お金とモノの管理ができたら、体重も減った！

部屋が汚く、貯蓄ゼロだった僕は、体重85kgの肥満体型でダイエットも必要でした。ダイエットしたいけれど、やる気が出なかったのです。ところが、モノを減らして、貯蓄ができるようになってきたら、ダイエットにも成功。汚部屋脱出も貯蓄もダイエットも、ハウツーとともに、セルフコントロールが大切だと気がつきました。簡単に言うと、自分の機嫌をとって、モチベーションをあげること。僕が、今でもやっているセルフコントロールの方法を紹介します。

●常に大小さまざまな目標や夢を掲げ、達成のために頑張る
●自分のメンタルを良い状態に保つ方法を知っておく
●ときどきはダメでもいいけれど、ずっとダメな自分でいない
●日々をストレスなく暮らせる仕組みを作る
●自分にとって価値があるものを、明確にしておく
●完璧を求めない。帳尻を合わせればいいと考える

Part

5

お金とモノに支配されない心の持ち方

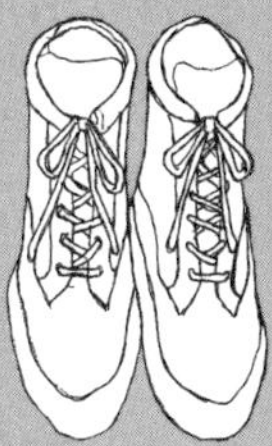

Method

37

忙しくしない。暮らしに「余白」を作る

僕は忙しい日々が好きではありません。
余裕もなく、イライラがつのり、
生活の所作が雑になっていく。
掃除も適当になり、
ストレスで浪費も増える。
僕は予定を入れすぎないようにして、
できる限り余裕を持ち、
「余白」を作るように心がけています。
日々のやるべきことは
「やることリスト」を作って（P.142参照）
効率的に済ませるようにします。
忙しすぎると考える力も
弱っていくので、
日々をシンプルにし、
予定を詰め込まないようにしています。

Method 38

お金を使う喜びから、使わない喜びへ

お金の悩みや不安が
頭からなかなか抜けないとき、
意識してほしいことがあります。
それは
「いかにお金を使わずに生活するか」。
この思考の良いところは、
お金を使わないことが
喜びに変わるのです。
「今週は無駄遣いしなかったな。よしっ！」
「やった！　洋服1カ月買っていない」
お金を使うことで喜びを得るのではなく、
使わないことに喜びを感じられると、
お金の不安や悩みが減って、
無駄遣いもしなくなります。

Method 39

贅沢に慣れないこと。贅沢を贅沢と思えるように

贅沢が日常化している人は
どうしても支出が多くなります。
「慣れ」は本当に怖くて、
贅沢を続けているとそれが日常になり、
贅沢を贅沢と思わなくなります。
贅沢はたまにくらいが
ちょうどいいんです。
日々はしっかりと引き締めて
ここぞというときに目一杯
贅沢しちゃいましょう。

Method 40

つまらないことをやっているヒマはない

つまらないなら、
思い切ってやめちゃいましょう。
誰かの目を気にしていますか？
大切なのは誰かに
どう思われるかじゃなくて
自分がどうしたいかです。
時間は限られています。
心地よい時間を
過ごせるように
無駄な時間を過ごさないために
気が進まない、
つまらないことは
今すぐやめちゃいましょう。
時間がもったいないですよ！

Method

41

まずは自分から始める

家族に対してつい言ってしまう一言。
「またこんなに散らかして、
早く片づけてよ！」
「無駄遣いしないで節約してよ！」
だけど客観的に考えてみたら、
自分はできているんだろうか？
僕はまずは自分から
始めるように心がけます。
話はそれからです。

Method 42

他人の軸で生きない

他人の軸で生きていると、
どうしてもお金がかかります。
「あの人が着ているから私も着よう」
「あの人が家を建てるから
僕も建てなきゃ」
「あの人が車を買ったから私も買おう」
などなど。
終わりのない競争が始まります。
他人の軸で生きていると
物欲は永遠ループです。
そうではなくて自分の軸で生きる。
モノを買うときは、
買うべくして買いましょう。

Method

43

焦らない

焦っていいことなんて
ひとつもありません。
パフォーマンスは低下するし、
ミスするリスクが倍増します。
時間に余裕を持つこと。
焦るような状況を作らないこと。
そういうときは決まって
呼吸が浅くなっています。
まずは、深く息を吸う。
心のドキドキを抑えるように。
まだ焦るほどのことでもないですよ。

Method 44

なんでもシンプルにする

僕は日常のすべてを
シンプルにします。
複雑だから続かないし、
面倒くさくなってしまうんですよね。
シンプルにするとスッキリします。
シンプルにすると楽できます。
あとあと辛くなるのに
わざわざ複雑にして
しまっている人が多いです。
もっと楽できる
生活の方法を考えましょう。

Method 45

恥をかくことを恐れない

「こんな暮らしをしてみたいな」
「これだけ貯金があったらいいのにな」
なんて心の中で言っている人は
多いのではないでしょうか。
以前の僕もそのひとり。
これからは「こんな暮らしをする！」
「貯金を年間150万円する！」に
チェンジ。
「したいな」から「する！」へ。
僕の場合「したいな」の中には、
できなかったときの言い訳がありました。
「する！」って宣言して、できなかったら
恥ずかしいから。
でも、今は恥をかくことを恐れずに、
「する！」と言い切ります。

Method 46

できない自分を受け入れる

「なんでできないんだろう」と
自分を追い込んでいませんか？
まずは、できない自分を
受け入れましょう。
できないときだってありますよ。
そんなときはやらないと決めて、
全力で他のことをしましょう。
大切なのは、できない自分を
追い込まないことです。

Method 47

繰り返さないと上手くならない

貯蓄もモノを減らすことも
繰り返しやらないと上手くならないです。
僕は昔空手をやっていたのですが
試合に勝ちたいから、パンチの練習を
毎日何百回と繰り返していました。
上手くできない人は
向き合う時間が不足しているのかも。
だから、どうせ自分はできないと、
落ち込まなくても大丈夫。
本気で現状を変えたいのなら、
まずは、練習を繰り返せる時間を
確保しましょう。

Method 48

「やりません！」宣言をする

現代は、情報であふれています。
情報に流されるままだと、
あれもやりたい、
これも欲しいとなってしまいます。
お金と時間がいくらあっても足りません。
「やりません！宣言」をしましょう。
「趣味は◯◯と◯◯。
それ以外はやりません」とか、
「なんとなくの
飲み会には行きません」など。

かけがえのない自分の人生のため、
捨てることを考えます。
「しないことリスト」を作り、
シンプルに過ごしましょう。
お金と時間の無駄遣いが確実に減ります。

column
03
リムベアー流
自分らしく暮らすヒント❸

人生が変わった読書術と愛読書

僕は、「このままじゃダメだ。人生を変えよう」と思って、本を読み始めました。実は、元々は読書が苦手。でも、小説はダメだったけれど、お金や生き方など実用的な分野の本は読むことができたのです。それからは、読書にどんどんはまりました。今では、コスパのいい自己投資だと思っています。

手元に残している本は、何度も読み返したい20冊ほど。新しい本を1冊買うときは、もう卒業してもいいなと思う本1冊を処分。図書館やキンドルなども利用し、いろいろな本を読むようにしています。

感銘を受けた本は忘れないように、いいなと思った部分を書き出しておきます。要は、自分仕様の小さい本を作る感じ。何か迷ったときや不安を感じたとき、その小さい本を読み返します。本田直之さんの『LESS IS MORE』(ダイヤモンド社)は、何度も読み返しています。読むたびに、小さい本を作り直します。前回と違う部分をピックアップすることもあるので、自分でもおもしろいなと思っています。

最後に、僕が何度も読み返している本を紹介します。とても影響を受けて、人生が変わりました。このような本に出合えたことを、感謝しています。

リムベアーの愛読書

『金持ち父さん 貧乏父さん』（筑摩書房） ロバート・キヨサキ

『LESS IS MORE』（ダイヤモンド社） 本田直之

『20代から知っておきたいお金のルール』（高橋書店） 横山光昭

『消浪投貯金術』（主婦と生活社） 横山光昭

『人生がときめく片づけの魔法』（サンマーク出版） 近藤麻理恵

『ぼくたちに、もうモノは必要ない。』（ワニブックス） 佐々木典士

『誰も教えてくれないお金の話』（サンクチュアリ出版） うだひろえ 泉正人監修

『ママと子どもとお金の話』（サンクチュアリ出版） うだひろえ 泉正人、新屋真摘監修

『パパ1年目のお金の教科書』（筑摩書房） 岩瀬大輔

『世界標準のお金の教養講座』（KADOKAWA） 泉正人

『お金の大事な話』（WAVE出版） 泉正人

おわりに

多くの人は、必要以上にモノを所有したり、お金を使ってしまって悩んでいます。昔の僕もそうでしたし、ブログやインスタグラムで相談してくれる読者の方も、同じだと思います。

「モノがありすぎて、片づけられない」
「部屋をきれいに使えなくて自己嫌悪する」
「人が持っていたモノをつい買ってしまい、いつも後悔する」
「収納がいっぱいなのに、またモノを買い、心がモヤモヤする」

幸せにしてくれるはずのモノが、逆に悩みのタネになっています。

僕は、そんな悩みの多い暮らしを、失敗と工夫を繰り返して、どうにか乗り越えました。そして、本当の意味で幸せにしてくれるのは「身の丈に合った暮らし」なのかなと感じています。地味かもしれないけど、悩みや不安が少ないベストな生き方だと思います。

お金やモノのことで悩んだり、不安に思っている方々はきっと問題を放置しているからだと思います。でも、どこかでスタートしないと、そのままズルズルといってしまいます。僕ができたように、きっと誰でもできるはず！　元浪費体質で元コレクターの僕がやっているのは、シンプルで簡単な方法や工夫。それぞれの方々にとっての「これなら自分もできる！」を、見つけてほしいなと思います。「あとでやろう」「明日やろう」ではなく、今すぐに何でもいいから一つやってみる。「小さなことを日々着実に積み重ねていくこと」しかないと、思うのです。人と比べず、身の丈に合った暮らしを日々淡々と実行する。そんな暮らしの中に、幸せは必ずあります。きっと誰でも、今のままで十分幸せになれるモノを持っています。

今後子どもが大きくなるにつれて、我が家の生活コストは上昇していくと思います。でも、その都度改善点を見つけて実行し、さらに修正をしながら、今後も最小限の暮らしをしていきたいです。一番大切なことは「家族全員が幸せに暮らせること」。それを忘れずに、使わないところはとことん節約、使うところはお金をかけるというメリハリ家計を目指します。

最後に、この本を手にとって読んでくれた方々、僕のブログやインスタグラムを見てくれている方々、そしてこの本の制作に関わってくださった出版社オーバーラップの皆さん、カメラマンの林ひろしさん、デザイナーの大塚將生さん、編集の大橋史子さんに感謝を伝えたいと思います。

２０１８年10月　リムベアー

お金とモノに
支配されない
暮らしかた

2018年11月25日　初版第1版発行
発行者　永田勝治
発行所　株式会社オーバーラップ
〒150−0013
東京都渋谷区恵比寿1−23−13
印刷・製本　大日本印刷株式会社

ISBN 978−4−86554−423−7 C0077

オーバーラップ　カスタマーサポート
電話:03−6219−0850
受付時間:10:00〜18:00(土日祝日はのぞく)
https://over-lap.co.jp/lifestyle/

ミニマリスト系家計コンサルタント
リムベアー(limbear)

ブログ「お金とモノに支配されない暮らしかた」は月間50万PV、インスタグラム「limbear_」はフォロワー数5万人を超える。ファイナンシャルプランナー３級取得。革作家。東日本大震災のとき、福島に住んでいて被災。モノがいっぱいで貯蓄ゼロの人生を変えようと一念発起。現在は、モノを減らし、42㎡1LDKに妻と息子の３人でスッキリ暮らしている。また、借金250万円から貯蓄年150万円の貯蓄体質になる。ブログ、インスタグラムで家計管理や節約、モノを減らすためのヒントを発信している。1985年生まれ。元家具職人でもある。

●ブログ
「お金とモノに支配されない暮らしかた」
https://lim-bear.com

●インスタグラム
「limbear_」

●革小物のwebショップ
「オルデザインズ」
https://oludesigns.stores.jp

Staff List

デザイン
大塚將生(marron's inc.)

撮影
林ひろし　リムベアー

イラスト　Megumi Yoshida

校正　国仲明子

企画・編集
大橋史子(ペンギン企画室)